失敗なしで絶対おいしい！

チーズケーキとチョコレートケーキ

CHEESECAKES &
CHOCOLATE CAKES

高石紀子

主婦と生活社

CHEESECAKES

CHOCOLATE CAKES

その他	42 モワルーショコラ	88	
	43 テリーヌショコラ	90	
	44 洋なしとカシスのテリーヌショコラ	90	
	45 オイル生地のケークオショコラ	92	

型について

型は直径15cm丸型(底取)だけ!

本書で使う型はステンレス製の直径15cm丸型だけです。丸型には「共底」と、底板が取れる「底取」がありますが、生地が取り出しやすい「底取」を採用しました。生地を入れる前にオーブン用シートを敷き込み、底は生地がもれ出すのを防ぐためにアルミホイルで覆います。

*直径12cm丸型(底取)2台分とほぼ同量です。

*型の材質はブリキ製、シリコン製などもありますが、扱いやすいステンレス製がおすすめです。

15cm

このように底が取れます。焼き上がったらジャムの瓶などに型をのせ、型の側面だけを下ろして、底板と生地を抜き取ります。

紙の敷き方

1 オーブン用シートを長さ16cmほどに切り出し、底板をのせてペンでなぞり@、はさみで切る。

2 型を1周させて⑥オーブン用シートを切り出す。型の高さよりも1cmほど(スフレチーズケーキの場合は4cmほど)はみ出るくらいで軽く折り目をつけ©、しっかりと折ってナイフなどで切る⑩。

3 型に底板をセットし、1を敷いて⑥(ペンで書いた面を下にする)、2を側面に沿わせる⑪。

4 アルミホイルを長さ26cmほどに切り出し、3をのせて底を覆う⑧(スフレチーズケーキの場合は2回覆う)。

チーズケーキと
チョコレートケーキなら
誰でもおいしく作れます

　一生懸命に材料を集めて作ったのに、失敗してしまったらとても悲しいのがお菓子作り。そこで、**どんな方にもお菓子作りが成功したときの喜びや、作る楽しさ、手作りのお菓子のおいしさを知ってほしい！**──そういう願いを込めて書かれたのが、この本です。

　私もお菓子作りを始めたばかりのころには、大成功することもあれば、失敗することも同じくらいありました。初めて作るレシピは、「大丈夫かな、お手本どおりにできるかな……」と心配になり、なかなかオーブンの前から離れられませんでした。そのぶん上手にできたときの喜びは大きく、次はなにを作ろうかと考えてわくわくしたものです。

　本書で取り上げるのはチーズケーキとチョコレートケーキ。いずれも卵、砂糖、薄力粉にクリームチーズ、もしくはチョコレートを加えて作るシンプルなお菓子です。**そしてこの2つには「失敗しにくいお菓子」という共通点もあるんです。**

　チーズケーキはほとんどが混ぜるだけ。特にベイクドチーズケーキはとっても簡単です。**混ぜたり、こしたりという、ひとつひとつの工程を丁寧に作業してもらえれば、必ずおいしく焼き上がります。**

**チョコレートケーキはチョコレートが味をばっちりき
めてくれます。**そしてそのチョコレートや組み合わせた食
材によっても印象ががらりと変わるので、アレンジがしや
すいお菓子でもあります。

　初心者の方は、**まずは基本のレシピから作ってみてくだ
さい。**何度食べても飽きないのは、やっぱり基本のレシ
ピたちです。チーズケーキもチョコレートケーキも、どっし
りとしたお菓子というイメージがありますが、「もうひと切
れ！」と、つい手を伸ばしたくなるような、軽やかな仕上が
りにしました。

　基本をマスターしたらアレンジを。**似たような材料で
も、配合や作り方を変えるだけで、見た目も食感もがら
りと変わるお菓子作りの妙も楽しんでいただけたらと
思います。**そうしてお菓子がどうやってできあがっていく
のか理解し、習得してもらえたらうれしいです。ちなみ
に私のお気に入りは、ベイクドチーズケーキの「りんご」
（P21）とガトーショコラの「ジンジャー」（P67）と「レ
モン」（P70）です。

　最後に。**レシピを最後まで読んでから作ることと、計
量は必ずすること、**この2つだけ守っていただければ、
「失敗なしで絶対おいしい！」お菓子が、きっとあなた
にも作れるはずです。お菓子作りの楽しさを、存分に味
わってください。

高石紀子

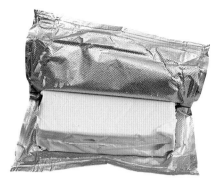

クリームチーズの選び方

チーズケーキを作るときに、もっとも大切な材料がクリームチーズです。きめが細かく、なめらかな口あたりとほのかな酸味が特徴のフレッシュチーズで、生クリーム、または生クリームと牛乳を原料として作られています。本書では、質感がしっかりとしていて、味のバランスがよい、よつ葉乳業の「よつ葉 北海道十勝クリームチーズ」を使用しましたが、メーカーによって味、風味、塩けなどが異なるので、好みのものを選んで使いましょう。

おもなクリームチーズ

濃厚でありつつ酸味がさわやか
森永乳業

フィラデルフィア クリームチーズ

北海道産の生乳と生クリームをブレンドして作られたクリームチーズ。力強さと濃厚なこくを感じる仕上がりです。それでいてさわやかな酸味があり、あと味がさっぱりとしているのが特徴。

しっかりとしたミルクの風味
ベル ジャポン

キリ® クリームチーズ

フランスの自然豊かな牧場で育った牛のミルクが原料。こくがあり、ミルクの風味がしっかりと味わえるクリームチーズです。濃厚に仕上げたい場合にぴったり。

バランスのとれたさっぱり味
雪印メグミルク

クリームチーズ

お菓子にも料理にも使いやすい、なめらかでクリーミーな舌触り。あっさりとしているぶん、やや塩けを感じやすいのですが、さっぱりと仕上げたい場合はおすすめ。

チョコレートの選び方

お菓子作りでは製菓用チョコレート（クーベルチュールチョコレート）を使います。失敗が少なくなって、味もぐんとレベルアップすることでしょう。さまざまなものが作られていますが、大きく分けるとスイート（ビター）、ミルク、ホワイトの3種類になります。本書ではVALRHONAのものを使いましたが、種類が同じで、カカオ分が同等のものであれば、好みのもので構いません。板チョコは飾り（コポー）としてのみ使っています。

製菓用チョコレートの種類

チョコレート本来のおいしさ
スイート（ビター）

カカオマス、カカオバター、糖分から作られているのが「スイート」。名前こそ甘そうですが、この3種類ではいちばん苦みが強いものになります。特に苦いものを「ビター」と呼ぶこともありますが、カカオ分が50％程度ならスイート、60％以上ならビターとするのが、ある程度の目安です。本書ではおもにスイートを使用していますが、P90「テリーヌショコラ」など、苦みを生かしたケーキの場合はビターを使います。

乳成分入りでやさしい甘さ
ミルク

カカオマス、カカオバター、糖分に、乳成分を加えたものが「ミルク」。そのぶんだけカカオ分は低く、食べやすい甘さのチョコレートです。本書ではカカオ分40％のものを使用。レモンやグレープフルーツなど、くだものの酸味を引き立てたいときに使っています。

カカオマス抜きで強い甘み
ホワイト

カカオマスは入れずに、カカオバター、糖分、乳成分で作ったのが「ホワイト」です。苦みがなく、ミルキーで甘みが強いのが特徴。本書ではチーズケーキでアメリカンチェリーやいちごジャムと組み合わせ、濃厚でまったりとした甘さに仕上げています。カカオ分35％のものを使用。

その他の材料の働きと選び方

お菓子の骨格を作って食感を演出する

薄力粉

生地の骨格をなすもので、薄力粉から出る「グルテン」は、食感を左右します。チーズケーキでは使用量が少ないのでなんでも構いませんが、チョコレートケーキではきめが細かく、軽い食感に仕上がる、製菓用の「スーパーバイオレット」や「バイオレット」がおすすめです。米粉では代用できません。

風味や食感に影響大

バター

お菓子作りではおもに食塩不使用のバターを使います。生地にミルキーな風味を与え、ふわふわの食感に仕上げてくれます。特に使用量の多いケークオショコラではバターの役割が重要。予算に余裕があれば、乳酸菌が入って風味が豊かな「発酵バター（食塩不使用）」を使ってもよいでしょう。

甘みをつけるだけでなく焼き色にも影響

グラニュー糖

砂糖は、お菓子を甘くするだけでなく、焼き色や食感にも影響を与えています。だから勝手に量を減らしたりするのは厳禁！　お菓子作りでは味にくせがないグラニュー糖をおもに使用。製菓用の「微粒子タイプ」であれば生地なじみがよく、混ざりやすいです。レシピによってはきび砂糖などを使うこともあります。

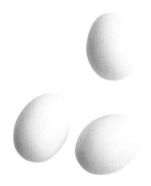

材料をまとめてふくらませる

卵

粉やバター、砂糖といった材料を、ひとつにまとめあげるのが卵です。全卵で使用する場合と、卵黄と卵白に分けてから使う場合があり、卵白を泡立てた「メレンゲ」は、生地をふくらませる重要な働きをします。本書では正味50g程度のMサイズ（卵黄20g＋卵白30g）を使用。個体差がありますが、±5g程度の誤差でしたら問題ありません。なるべく新鮮なものを選んでください。

大半のお菓子は粉、砂糖、卵、バターから作られます。
普通の料理とはやや異なるものを使うので、基本の材料に関して少し覚えておきましょう。

生地をしっかりふくらませる

ベーキングパウダー

生地を膨張させ、ふっくらと焼き上げます。本書ではアルミニウムフリーのものを使用。ケークオショコラと、オイル生地のチョコレートケーキで少量使います。

ホイップクリーム作りにも

生クリーム

ミルキー感を損なわずに、生地の食感をやわらかくするために混ぜたり、ホイップクリームにしたりします。乳脂肪分は30％台のものもありますが、動物性の乳脂肪分45％前後のものを使うようにしてください。植物性は絶対NG。

食感をやわらかくする

牛乳

低脂肪や無脂肪の牛乳だと味が薄くなり、風味が落ちるのでおすすめできません。おもにスフレチーズケーキとレアチーズケーキで使います。本書では、正確に計量してもらいたいので、生クリームと牛乳はg（グラム）表記にしていますが、1g＝1mℓで計算しています。

カカオマスを粉末にしたもの

ココアパウダー

カカオマスから油脂分であるカカオバターの一部を取り出し、粉末状にしたもの。軽い食感のまま、チョコレートの風味を生地につけることができます。製菓には砂糖やミルクなどが含まれている調整ココアではなく、純ココアを使用してください。

あと味をさっぱりとさせる

レモン果汁

火を通してしまうと、そんなに強く味が出るわけではないので、生のレモンから搾ったものではなく、市販のレモン果汁で構いません。ただしレアチーズケーキでは香りがそのまま残るので、生のレモンから搾った果汁を使いましょう。

液体を固める

粉ゼラチン

レアチーズケーキやゼリーなどのお菓子で使用します。豚などのコラーゲンから作られ、液体を固める効果がある凝固剤です。レシピの分量どおりに作らないと硬くなったり、固まりにくくなったりするので必ず守りましょう。

必要な道具と選び方

生地を混ぜたり、クリームを泡立てたりします

泡立て器

やわらかい生地やクリームを混ぜたり、泡立てたりするときに使います。ワイヤーの本数が多く、丈夫なステンレス製がおすすめ。ボウルの直径と同じくらいの長さのものが混ぜやすく、使いやすいです。

硬めの生地を混ぜます

ゴムべら

おもに硬めの生地を混ぜるときや、クリームチーズの硬さを均一にするときなどに使います。しなやかで混ぜやすく、扱いも楽な一体成形の耐熱シリコン製がおすすめ。

生地やクリームを手早く泡立てます

ハンドミキサー

やわらかくしたバターやメレンゲ、生クリームなどを、空気を含ませながら泡立てます。機種によってパワーが異なるのでレシピの混ぜ時間は目安にし、生地やメレンゲなどの状態を見て確認するようにしましょう。泡立てるときはハンドミキサーもボウルの中でぐるぐると動かしてください。

型に敷き込みます

オーブン用シート

生地がくっつかないように型に敷く紙。特殊加工が施してあり、熱や油、水分などに強いのが特徴。本書では表面がつるつるしていない「クックパー®」を使用しています。

型の底を覆います

アルミホイル

底取の型を使用しているので生地がもれないようにアルミホイルで底を覆います。スフレチーズケーキは湯せん焼きをするので湯が入らないように二重に覆いましょう。

これだけはそろえておいてほしい、という道具たちです。
必ずしも高価なものでなくてもよいので、自分が使いやすいものを見つけてください。

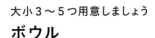

粉をふるったり、生地をこしたりします
万能こし器／ざる

粉類をこし器や網の目が細かいざるなどにかけ
て粉のきめを細かくすることを「粉をふるう」と
言います。粉類が少量のときは茶こしを使いま
す。網が二重のものは目詰まりしやすいのでおす
すめできません。万能こし器は生地を裏ごしする
ときなどにも使用します。

大小3～5つ用意しましょう
ボウル

生地を作るときは直径20㎝ほどのステンレス製
のボウルが使いやすいです。メレンゲ用、溶き卵
用、写真のようなチョコレートの湯せん用など、
いくつかサイズをそろえておくと重宝します。ほ
かに電子レンジでも使える耐熱ガラス製のもの
もあるとよいでしょう。

焼き上がったケーキを置いて冷まします
網

別名ケーキクーラー。焼き上がったケーキを冷
ますときに使用。足がついているので熱がこもら
ず、効率よく冷ますことができます。オーブンに付
属されている場合も。

正確な計量が成功への近道
はかり

お菓子作りには正確な計量が欠かせません。1g
単位で計量できるデジタル式がおすすめ。容器
の重量を「0」にできる風袋引き機能がついてい
ると計量がスムーズです。

CHEESECAKES

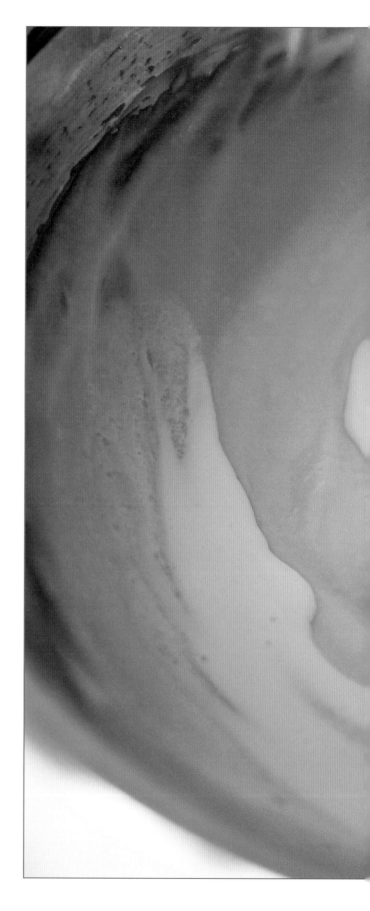

14

混ぜるだけ！のいちばん簡単な焼き菓子

1 基本のベイクドチーズケーキ

やわらかくしたクリームチーズに、
順次材料を混ぜていくだけというとっても簡単なケーキです。
失敗することはほとんどありませんし、
なにしろ間違いなくおいしくできあがるので、
初心者さんにぴったりのレシピです。
コーヒーはもちろん、甘めの白ワインにもよく合います。

START   GOAL

クリームチーズを → その他の材料を → こす → 型に流し入れて焼く → 冷蔵室で冷やす
やわらかくする   混ぜていく

材料と下準備 直径15cm丸型（底取）1台分

クリームチーズ … 200g
▶ 常温にもどす@

常温において、ゴムべらがすっと入るくらいのやわらかさにします。ラップでぴったりと包み、電子レンジで5秒ずつ、様子を見ながら加熱してもOK。

グラニュー糖 … 60g

塩 … ひとつまみ

全卵 … 2個分（100g）
▶ フォークで溶きほぐす⑥

生クリーム（乳脂肪分45%）… 100g

レモン果汁 … 大さじ1

薄力粉 … 大さじ1

＊型にオーブン用シートを敷き、アルミホイルで底を覆う。 →P5
＊オーブンはほどよいタイミングで170℃に予熱する。

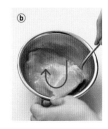

卵は常温にもどす必要はなし。泡立てずにフォークで卵白を切るイメージでほぐします。

17

1 ボウルにクリームチーズを入れ、ゴムべらで混ぜて硬さを均一にする。

2 グラニュー糖と塩を加え、完全になじむまですり混ぜる。

3 卵を3回ほどに分けて加え、そのつど全体になじむまで泡立て器で混ぜる。

4 生クリームを2回ほどに分けて加え、そのつど全体になじむまで混ぜる。

5 レモン果汁を加え、全体になじむまで混ぜる。

6 薄力粉を茶こしに入れてふるい入れ、粉けがなくなるまで混ぜる。

7 別のボウルに万能こし器でこしながら流し入れる。

クリームチーズのかたまりが残らないよう、全体を混ぜてなめらかなクリーム状にします。

分離しないように、分けて加えます。

少量なので一度に加えてOK。風味づけです。

粉は茶こしなどでふるって加えます。だま（かたまり）にならないようにするためです。

「粉けがなくなる」とは粉が見えなくなるまでということです。ぐるぐる混ぜてください。

万能こし器よりもひと回り大きいボウルを選びましょう。こすことで口あたりがなめらかになります。

万能こし器を持ち上げ、ゴムべらで軽く押しつけてしっかりとこします。

こし終わったと思っても、こし器の裏側に生地がけっこう残っていたりするので、しっかりこそげ取ってください。

8 型の側面のオーブン用シートに**7**を少量つけて留める。**7**を流し入れ、型を軽く揺らして表面をならす。予熱したオーブンで50分ほど焼く。

9 表面に焼き色がつき、竹串を刺してもなにもついてこなければできあがり。型ごと網にのせて冷まし、冷蔵室で冷やす。

10 アルミホイルと側面のオーブン用シートをはずし、瓶などにのせて型の側面をはずす。底板とオーブン用シートの間にパレットナイフなどを差し込み、底板をはずす。

側面のオーブン用シートが動かないように、合わせ目の上下2か所に少量の生地をつけ、しっかりと留めておきます。

ゆるめの生地なので軽く揺すると表面の凹凸がならされます。

型を天板にのせ、オーブンに上下段がある場合は、下段で焼きます。

焼いている間はふくらんでいますが、取り出すとすぐに下がります。竹串に多少生地がついてきても大丈夫。表面の焼き色が薄い場合は、追加で5分ずつ様子を見ながら焼きましょう。

冷ましてから冷蔵室に移します。

型離れしやすいように先に側面のオーブン用シートを生地と型から軽くはがしてからはずします。冷えて硬くなっているので、少しずつはがしてください。

底取タイプの最大のメリットはこれ。生地を取り出しやすいのです。

パレットナイフがない場合は包丁でも。差し込んだら360度回転させてしっかりと切り離します。底のオーブン用シートはついたままでOK。切り分けるときにははずしましょう。

BAKED CHEESECAKE

2 チョコレートとフリュイルージュ

「フリュイルージュ」とはフランス語で「赤いくだもの」のこと。
ミルクチョコレートのやさしい苦みには、ベリー系の酸味がよく合います。
チョコレートは小さく刻んで食感のアクセントにしましょう。
生地に加えていっしょに混ぜるだけなのでとても楽です。
ミックスベリーはいずれか1種類でも大丈夫。

→P22

20

3 ラムレーズン

ラムレーズンに合わせて、
砂糖はこくがあるきび砂糖に。
レーズンはラム酒にひと晩浸けておくので、
前日の準備を忘れずに。

→ P22

4 ゴルゴンゾーラと
　いちじく

お酒とも相性がよい、
大人向けのチーズケーキです。
ゴルゴンゾーラには塩けがあるので、
このレシピでは塩は加えません。

→ P22

5 りんご

キャラメルをまとわせた
りんごの食感と甘酸っぱさが楽しい、
食べごたえのあるチーズケーキ。
サワークリームを加えて
少しさっぱりさせました。

→ P23

2 チョコレートと フリュイルージュ

POINT

◎ チョコレートとミックスベリーは生地をこしたあとに**8**で加えます。

材料と下準備

直径15cm丸型（底取）1台分

クリームチーズ … 200g
　▶ 常温にもどす

A［グラニュー糖 … 60g
　　塩 … ひとつまみ

全卵 … 2個分（100g）
　▶ フォークで溶きほぐす

生クリーム（乳脂肪分45%）… 100g

B［レモン果汁 … 大さじ1

薄力粉 … 大さじ1

C［製菓用チョコレート（ミルク）
　　… 40g
　　▶ 8mm角に切る
　　冷凍ミックスベリー … 30g
　　▶ ペーパータオルで表面の霜を軽く拭き取り ⓐ、使用する直前まで冷凍室に入れておく

＊型にオーブン用シートを敷き、アルミホイルで底を覆う。 →P5
＊オーブンはほどよいタイミングで170℃に予熱する。

余分な水分が出てきてしまうのを防ぎます。水分が多いと生地が水っぽくなってしまい、食感が悪くなります。

3 ラムレーズン

POINT

◎ きび砂糖がなければ同量のグラニュー糖でもOK。

◎ **C**のレーズンは前日のうちにラム酒に浸けておきましょう。これを「ラムレーズン」と言います。市販品を使っても構いません。

◎ **8**でラムレーズンを加えるときは、浸けていたラム酒ごと加えます。

材料と下準備

直径15cm丸型（底取）1台分

クリームチーズ … 200g
　▶ 常温にもどす

A［きび砂糖 … 60g
　　塩 … ひとつまみ

全卵 … 2個分（100g）
　▶ フォークで溶きほぐす

生クリーム（乳脂肪分45%）… 100g

B［ラム酒 … 小さじ2

薄力粉 … 大さじ1

C［レーズン … 60g
　　▶ 熱湯をかけ ⓐ、ペーパータオルで水けを拭き取る
　　ラム酒 … 大さじ2
　▶ 合わせてひと晩おく

＊型にオーブン用シートを敷き、アルミホイルで底を覆う。 →P5
＊オーブンはほどよいタイミングで170℃に予熱する。

レーズンに施されたオイルのコーティングを落とすため。雑味がなくなっておいしくなります。

［**ラム酒**］
サトウキビの糖みつや搾り汁が原料の蒸留酒。ダーク、ゴールド、ホワイトがあり、菓子作りにはダークがよく使用されます。

4 ゴルゴンゾーラと いちじく

POINT

◎ ゴルゴンゾーラは**8**で生地の中に、**9**で生地の表面にと、2回に分けて加えます。ともに手で小さくちぎりながら加えてください。

材料と下準備

直径15cm丸型（底取）1台分

クリームチーズ … 200g
　▶ 常温にもどす

A［グラニュー糖 … 60g

全卵 … 2個分（100g）
　▶ フォークで溶きほぐす

生クリーム（乳脂肪分45%）… 100g

B［レモン果汁 … 大さじ1

薄力粉 … 大さじ1

C［ドライいちじく … 50g
　　▶ 耐熱ボウルに入れてかぶるくらいの熱湯を注ぎ、5分ほどおいて表面をふやかす。ペーパータオルで水けを拭き取り、2cm角に切る
　　ゴルゴンゾーラ … 30g

ゴルゴンゾーラ … 15g

＊型にオーブン用シートを敷き、アルミホイルで底を覆う。 →P5
＊オーブンはほどよいタイミングで170℃に予熱する。

［ゴルゴンゾーラ］
イタリア原産の青かびチーズ（ブルーチーズ）。独特の刺激臭とほのかな甘みが特徴で、くだものやパスタ、はちみつなどと合います。

5 りんご

POINT
- ◎ **2** で **A** を加える前にサワークリームを2回ほどに分けて加え、そのつどよく混ぜてください。
- ◎ サワークリームが入って全体量が増えるので、焼成時間は70分ほどと、ほかより長くなっています。

材料と下準備 直径15cm丸型(底取)1台分

クリームチーズ … 200g
▶ 常温にもどす

サワークリーム … 90g

A ┌ きび砂糖 … 60g
　└ 塩 … ひとつまみ

全卵 … 2個分(100g)
▶ フォークで溶きほぐす

生クリーム(乳脂肪分45%) … 100g

B ┌ レモン果汁 … 大さじ1

薄力粉 … 大さじ2

C ┌ りんご … 1個(皮をむいて200g)
　│ ▶ 皮をむいて16等分のくし形切り
　│ にしてから長さを半分に切る
　│ バター(食塩不使用) … 10g
　│ グラニュー糖 … 30g
　└ ブランデー … 小さじ2

▶ フライパンにバターを中火で溶かし、グラニュー糖を加える。グラニュー糖が溶けてきたらフライパンを揺すり、まんべんなく加熱して完全に溶かす。濃いキャラメル色になったら@、りんごを加えて木べらなどで混ぜⓑ、すぐにブランデーを加える。ときどき混ぜながら5分ほど加熱し、りんごに竹串を刺して少し硬さが残るくらいでバットなどに移し、粗熱をとる

＊型にオーブン用シートを敷き、アルミホイルで底を覆う。 →P5
＊オーブンはほどよいタイミングで170℃に予熱する。

ある瞬間を境に急に色が濃くなりますので、注意して見ていてください。色の濃さと苦さは比例するので、慣れてきたら好みの苦みに調整してみましょう。

りんごを加熱しながら、キャラメルをよくからませていきます。これを「キャラメリゼする」と言います。

[ブランデー]
ぶどうなどの果実酒を蒸留し、長期間熟成させたリキュール。フルーティーな香りと重厚感のある味が特徴。製菓ではよく使います。子ども用に酒類を抜きたい場合は使わなくても構いません。

[サワークリーム]
生クリームを乳酸発酵させたもの。こくがあって口あたりが軽く、さわやかな酸味があり、お菓子の風味づけに用いられます。

共通の作り方

1 ボウルにクリームチーズを入れ、ゴムべらで混ぜて硬さを均一にする。

2 **A** を加え、完全になじむまですり混ぜる。

> **5 りんご**
> 先にサワークリームを2回ほどに分けて加え、そのつど全体になじむまで混ぜる。

3 卵を3回ほどに分けて加え、そのつど全体になじむまで泡立て器で混ぜる。

4 生クリームを2回ほどに分けて加え、そのつど全体になじむまで混ぜる。

5 **B** を加え、全体になじむまで混ぜる。

6 薄力粉を茶こしに入れてふるい入れ、粉けがなくなるまで混ぜる。

7 別のボウルに万能こし器でこしながら流し入れる。

8 <u>**C** を加え、ゴムべらで大きく4〜5回混ぜる。</u>

> **3 ラムレーズン**
> 浸けていたラム酒ごと加える。
>
> **4 ゴルゴンゾーラといちじく**
> ゴルゴンゾーラ30gは小さくちぎりながら加える。

9 型の側面のオーブン用シートに **8** を少量つけて留める。**8** を流し入れ、型を軽く揺らして表面をならす。

> **4 ゴルゴンゾーラといちじく**
> さらにゴルゴンゾーラ15gを小さくちぎりながら表面に散らす。

予熱したオーブンで<u>50分ほど焼く。</u>

> **5 りんご** 70分ほど焼く。

10 表面に焼き色がつき、竹串を刺してもなにもついてこなければできあがり。型ごと網にのせて冷まし、冷蔵室で冷やす。

11 アルミホイルと側面のオーブン用シートをはずし、瓶などにのせて型の側面をはずす。底板とオーブン用シートの間にパレットナイフなどを差し込み、底板をはずす。

6 レモンカード

レモンタルトをイメージしたチーズケーキです。
レアチーズケーキ（P40）のように
土台をつければさらにタルトっぽく。
濃厚なレモンカードを
マーブル状にすることで、
よりコントラストあざやかな味になります。

7 いちごジャムとホワイトチョコ

火が通ってキャラメルのような風味になったホワイトチョコレートと、
濃厚ないちごジャムの甘さを、仕上げにかけたレモンの皮の
さわやかな酸味が、きりっと引き締めます。

6 レモンカード

材料と下準備 直径15cm丸型(底取)1台分

クリームチーズ … 200g
　▶ 常温にもどす
A「グラニュー糖 … 60g
全卵 … 2個分 (100g)
　▶ フォークで溶きほぐす
生クリーム (乳脂肪分45%) … 100g
レモン果汁 … 大さじ1
薄力粉 … 大さじ1
B「全卵 … 1個分 (50g)
　　グラニュー糖 … 40g
　　コーンスターチ … 5g
　　レモン果汁 … 40g

[コーンスターチ]
とうもろこしを原料とするでんぷん。とろみづけによく用いられます。グルテンを形成しないので焼き菓子の薄力粉の一部を置き換えると軽い食感になります。

▶ ボウルに卵、グラニュー糖、コーンスターチの順に入れ、そのつど泡立て器で混ぜる。全体がなじんだらレモン果汁を加え、さっと混ぜる。小鍋に移して中火で熱し、泡立て器で混ぜながら加熱する。もったりとしたクリーム状になり、泡立て器の筋のあとが残るくらいになったら@火を止める。スプーンなどで押しつけながら茶こしなどでこしてボウルに移し⑥、粗熱をとる

◀これ以上火を通すと硬くなって食感が悪化します。
▶こすことで口あたりがなめらかになります。

---

7 いちごジャムとホワイトチョコ

材料と下準備 直径15cm丸型(底取)1台分

クリームチーズ … 200g
　▶ 常温にもどす
A「グラニュー糖 … 60g
　　塩 … ひとつまみ
全卵 … 2個分 (100g)
　▶ フォークで溶きほぐす
生クリーム (乳脂肪分45%) … 100g
レモン果汁 … 大さじ1
薄力粉 … 小さじ4
B「いちごジャム … 60g
製菓用ホワイトチョコレート … 30g
　▶ 粗く刻む
レモンの皮 … 適量

共通の下準備と作り方

＊型にオーブン用シートを敷き、アルミホイルで底を覆う。→P5
＊オーブンはほどよいタイミングで170℃に予熱する。

1 ボウルにクリームチーズを入れ、ゴムべらで混ぜて硬さを均一にする。**A**を加え、完全になじむまですり混ぜる。

2 卵を3回ほどに分けて加え、そのつど全体になじむまで泡立て器で混ぜる。

3 生クリームを2回ほどに分けて加え、そのつど全体になじむまで混ぜる。

4 レモン果汁を加え、全体になじむまで混ぜる。

5 薄力粉を茶こしに入れてふるい入れ、粉けがなくなるまで混ぜる。

6 別のボウルに万能こし器でこしながら流し入れる。

7 型の側面のオーブン用シートに**6**を少量つけて留める。**6**を流し入れ、型を軽く揺らして表面をならし、スプーンなどで**B**をところどころに落とす。予熱したオーブンで50分ほど焼く。

6 レモンカード
さらに菜箸1本で小さな円を描くようにして、できるだけばらばらに10〜15回混ぜる。

▶かたまりの中央を通すようにして円を描きます。回数は目安なので好みで構いません。

7 いちごジャムとホワイトチョコ
さらにホワイトチョコレートを表面に散らす。

8 表面に焼き色がつき、竹串を刺してもなにもついてこなければできあがり。型ごと網にのせて冷まし、冷蔵室で冷やす。

9 アルミホイルと側面のオーブン用シートをはずし、瓶などにのせて型の側面をはずす。底板とオーブン用シートの間にパレットナイフなどを差し込み、底板をはずす。

7 いちごジャムとホワイトチョコ
さらに食べるときにレモンの皮をすりおろしてかける。

いちごジャムを手作りするともっとおいしく!

小鍋に冷凍(または生)いちご80gを入れ、グラニュー糖16g(いちごの重量の20%)をまぶし、常温で30分ほどおく。いちごから水分が出たら弱火で熱し、途中でいちごを軽くつぶしながらとろみがつくまで煮て、耐熱ボウルに移して冷ます。

8 キャラメルとナッツ

クランブルとナッツをのせて、食感を豊かにしたチーズケーキ。
大人っぽい風味が味わい深いです。
ナッツ類は合計が40g程度でしたら好みのもので構いません。

材料と下準備 直径15cm丸型(底取)1台分

クランブル

- バター（食塩不使用）… 20g
  - ▶ 冷蔵室で冷やしておく
- きび砂糖 … 20g
- 薄力粉 … 20g
- アーモンドパウダー … 20g
- 塩 … ひとつまみ

キャラメル

- 生クリーム（乳脂肪分45%）… 100g
- グラニュー糖 … 50g
- 水 … 小さじ1/2

クリームチーズ … 200g
  - ▶ 常温にもどす

グラニュー糖 … 40g

塩 … ひとつまみ

全卵 … 2個分（100g）
  - ▶ フォークで溶きほぐす

薄力粉 … 大さじ1

A
- くるみ … 10g
- アーモンド … 10g
- ピーカンナッツ … 10g
- ヘーゼルナッツ … 5g
  - ▶ 上記すべて粗く刻む
- ピスタチオ … 5g
  - ▶ 混ぜ合わせる

＊型にオーブン用シートを敷き、アルミホイルで底を覆う。 → P5

＊オーブンはほどよいタイミングで170℃に予熱する。

［アーモンドパウダー］
アーモンドを粉末にしたもの。焼き菓子に加えるとこくが増してしっとりとし、食感がさくさくになります。もちろんアーモンドの風味も豊か。

作り方

1 クランブルを作る。ボウルにクランブルの材料をすべて入れ、カードでバターを切りながら粉類などをまぶす ⓐ。バターが小さくなったら、さらに指先でつぶすようにして手早くすり混ぜる ⓑ。全体がなじみ、バターがそぼろ状になったら ⓒ、冷凍室で冷やし固める。

2 キャラメルを作る。耐熱カップに生クリームを入れ、ラップをせずに電子レンジで煮立つ直前になるまで1分30秒ほど加熱する。

3 小鍋にグラニュー糖と水を入れ、あまり動かさずに中火で熱する ⓓ。グラニュー糖の半分ほどが溶けたら、鍋を回してまんべんなく加熱し ⓔ、完全に溶かす。

4 薄いキャラメル色になったら、木べらなどで全体を混ぜ、濃いキャラメル色になったら火を止める。ひと呼吸おいて生クリームを2回ほどに分けて加え、そのつど軽く混ぜる。再び弱火で熱し、ひと煮立ちしたら火を止め、耐熱ボウルに移して冷ます ⓕ。キャラメルのできあがり。

5 ボウルにクリームチーズを入れ、ゴムべらで混ぜて硬さを均一にする。グラニュー糖と塩を加え、完全になじむまですり混ぜる。

6 卵を3回ほどに分けて加え、そのつど全体になじむまで泡立て器で混ぜる。

7 **4**のキャラメルを2回ほどに分けて加え、そのつど全体になじむまで混ぜる。

8 薄力粉を茶こしに入れてふるい入れ、粉けがなくなるまで混ぜる。

9 別のボウルに万能こし器でこしながら流し入れる。

10 型の側面のオーブン用シートに**9**を少量つけて留める。**9**を流し入れ、型を軽く揺らして表面をならし、**1**のクランブルと**A**をのせる。予熱したオーブンで50分ほど焼く。

11 表面に焼き色がつき、竹串を刺してもなにもついてこなければできあがり。型ごと網にのせて冷まし、冷蔵室で冷やす。

12 アルミホイルと側面のオーブン用シートをはずし、瓶などにのせて型の側面をはずす。底板とオーブン用シートの間にパレットナイフなどを差し込み、底板をはずす。

冷たくて硬い状態のバターを小さくしていきます。これがクランブルの核になります。

バターに粉類をすりつけるようにします。やりすぎると手の熱でバターが溶けてしまうので手早く。

できあがり。ラップで包み、冷凍用のジッパーつき保存袋に入れ、冷凍保存することも可能。

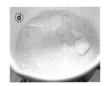

いじるとグラニュー糖が再結晶化してかたまりが残ってしまいます。溶けるまでは触らないこと。

半分が溶けたくらいで初めて動かします。均等に広げて、熱がまんべんなく入るように。

色が濃いほど苦みが強くなります。慣れてきたら好みで苦さを調整してください。

9 コーヒーのマーブル

マーブル模様がなんとも美しい仕上がりです。こちらのレシピではビスケットで土台も作りましたが、
土台にインスタントコーヒーを混ぜることで、ほろ苦くしています。
全体で甘さと苦さのメリハリがよく利いたチーズケーキになりました。

POINT

◎ 先に土台を作って型に敷き詰めておきます。

◎ **9**で生地100gを取り分け、コーヒー液を混ぜて色と風味をつけます。残りの生地と混ぜるときれいなマーブル模様に。

材料と下準備　直径15cm丸型(底取)1台分

土台

ロータス オリジナルカラメル
　ビスケット … 8枚(50g)
　▶ ジッパーつき保存袋に入れ、めん棒を
　転がして細かくする ⓐ
　バター(食塩不使用) … 10g
　インスタントコーヒー(顆粒)
　　… 小さじ1と1/2
クリームチーズ … 200g
　▶ 常温にもどす
グラニュー糖 … 60g
全卵 … 2個分(100g)
　▶ フォークで溶きほぐす
生クリーム(乳脂肪分45%) … 100g
ラム酒 … 大さじ1

子ども用に酒類を抜きたい場合はなくてもOK。
その場合は下の薄力粉を大さじ1にしてください。

薄力粉 … 小さじ4

コーヒー液

　インスタントコーヒー(顆粒)
　　… 小さじ4
　湯 … 小さじ1と1/2
　▶ 溶き混ぜる

＊型にオーブン用シートを敷き、アルミホイルで底を覆う。 →P5
＊オーブンはほどよいタイミングで170℃に予熱する。

[ロータス オリジナル
カラメルビスケット]
コーヒーによく合う、ベルギーのビスケット。シナモンの香りとキャラメルの風味、さくさくの食感が特徴です。グラハムビスケットやマリービスケットで代用しても構いません。

作り方

1 土台を作る。耐熱ボウルにバターを入れ、ラップをせずに電子レンジで10秒ほど加熱して混ぜ、さらに10秒ほど加熱して溶かす。ビスケットを加え、スプーンなどでよく混ぜてなじませ、インスタントコーヒーを加えて軽く混ぜる。型に入れ、スプーンの背で押しつけるようにして全体に敷き詰める ⓑ。

2 ボウルにクリームチーズを入れ、ゴムべらで混ぜて硬さを均一にする。

3 グラニュー糖を加え、完全になじむまですり混ぜる。

4 卵を3回ほどに分けて加え、そのつど全体になじむまで泡立て器で混ぜる。

5 生クリームを2回ほどに分けて加え、そのつど全体になじむまで混ぜる。

6 ラム酒を加え、全体になじむまで混ぜる。

7 薄力粉を茶こしに入れてふるい入れ、粉けがなくなるまで混ぜる。

8 別のボウルに万能こし器でこしながら流し入れる。

9 **8**を100g取り分け ⓒ、コーヒー液を加えて泡立て器で全体になじむまで混ぜる ⓓ。

10 **1**の型の側面のオーブン用シートに**8**を少量つけて留める。**8**、**9**の順にそれぞれ5回ほどに分けて流し入れ ⓔ、最後に菜箸1本で小さな円を描くようにして、できるだけばらばらに20回ほど混ぜる ⓕ。予熱したオーブンで50分ほど焼く。

11 表面に焼き色がつき、竹串を刺してもなにもついてこなければできあがり。型ごと網にのせて冷まし、冷蔵室で冷やす。

12 アルミホイルと側面のオーブン用シートをはずし、瓶などにのせて型の側面をはずす。底板とオーブン用シートの間にパレットナイフなどを差し込み、底板をはずす。

余計な空気が入らないよう注意。粉々になるまでめん棒を転がしてください。

できるだけ平らに、すきまができないよう敷き詰めます。

はかりに別のボウルをのせて、計量しながら移してください。

薄いコーヒー色になります。

こうすることで層ができ、断面にもマーブル模様が見えるようになります。

コーヒー生地のかたまりの中央を切り裂くようにして円を描いていきましょう。混ぜる回数は目安なのでお好みで。

BAKED CHEESECAKE

29

ふわふわの軽い食感が特徴のケーキ

10 基本のスフレチーズケーキ

このケーキはまず卵を卵黄と卵白に分けるところから始まります。

卵白はハンドミキサーでしっかり泡立てて、

生地をふくらませるための「メレンゲ」となります。

これを生地に混ぜ合わせることによって、

焼いたときにメレンゲの泡の中の空気が膨張し、

ふわふわの生地になるのです。

START | | | | GOAL

| クリームチーズに 材料を混ぜてこす | → | 卵白を泡立てて メレンゲを作る | → | 2つの生地を 混ぜ合わせる | → | 型に流し入れて 焼く | → | 冷蔵室で 冷やす |

材料と下準備

直径15cm丸型（底取）1台分

クリームチーズ … 200g
　▶ 常温にもどす

卵黄 … 3個分（60g）ⓐ

レモン果汁 … 小さじ2

牛乳 … 120g
　▶ 耐熱ボウルに入れ、ラップをせずに
　電子レンジで20〜30秒加熱する

薄力粉 … 大さじ3

メレンゲ

　卵白 … 3個分（90g）
　　▶ ボウルに入れ ⓐ、
　　冷蔵室で冷やす

　グラニュー糖 … 60g

＊型の底板と側面にバター（分量外）を
薄く塗ってⓑオーブン用シートを敷き、ア
ルミホイルで底を2回覆うⓒ。　→P5

＊バットにペーパータオルを敷き、型をの
せるⓓ。

＊オーブンはほどよいタイミングで130℃
に予熱する。

＊湯せん焼き用の湯（分量外）を沸かす。

卵は、割った殻の左右に卵黄を行き来させるこ
とで、卵黄と卵白を分けます。卵白は冷やしてお
くと泡立ちやすくなり、メレンゲのきめが細かくな
ります。必ず乾いたボウルに入れましょう。卵黄
はそのままおいておきます。

このプロセスもスフレ
チーズケーキのみです。
湯せん焼きをするので、
湯が型に入らないよう
にアルミホイルで2回
覆っておきます。

型の準備は基本的には同じですが、バターを薄
く塗って、紙をしっかり固定するのがこのレシピ
の特徴です。冷やすときに形が崩れやすいので、
生地が型にしっかり沿うようにしました。

バットは深さが5cmほど
あるとよいでしょう。焼
く直前にバットに湯を
深さ2〜3cmまで注ぎ
ます。

1 ボウルにクリームチーズを入れ、ゴムべらで混ぜて硬さを均一にする。

2 卵黄を3回ほどに分けて加え、そのつど全体になじむまで泡立て器で混ぜる。

3 レモン果汁を加え、全体になじむまで混ぜる。

4 牛乳を3回ほどに分けて加え、そのつど全体になじむまで混ぜる。

5 薄力粉を万能こし器に入れてふるい入れ、粉けがなくなるまで混ぜる。

6 別のボウルに万能こし器でこしながら流し入れる。

7 メレンゲを作る。卵白のボウルにグラニュー糖を加え、ハンドミキサーでスイッチを入れずに軽く混ぜる。高速で3〜4分泡立て、すくうとつのが軽くおじぎをするくらいになったらOK。

8 **6**のボウルに**7**のメレンゲの1/3量を加える。泡立て器で大きくすくい上げ、泡立て器の中に入った生地を中心に落とすようにして8〜10回混ぜる。ほぼ混ざったら残りのメレンゲを2回ほどに分けて加え、そのつど同様に混ぜる。最後は片手でボウルを回しながら、ゴムべらで底から大きくすくい返すようにして全体を5回ほど混ぜる。

クリームチーズのかたまりが残らないよう、全体を混ぜてなめらかなクリーム状にします。このあとは**5**まで泡立て器で混ぜます。

粉は万能こし器などでふるって加えます。だま（かたまり）にならないようにするためです。

こすことで口あたりがなめらかになります。ゴムべらで軽く押しつけてしっかりとこしましょう。こし器の裏側についた生地もきれいにこそげ取ります。

スフレチーズケーキはゆるい生地なので、メレンゲはゆるめ。硬く泡立てると混ざりにくくなります。

底から生地をすくい、軽くふって落とします。できるだけメレンゲの泡をつぶさない混ぜ方です。

ゴムべらで混ぜるときは、まずはゴムべらで生地の中央を切るようにしてから、片手でボウルを手前に回し、同時に「の」の字を描くイメージで生地を底からすくいます。これをくり返します。

9 型の側面のオーブン用シートに**8**を少量つけて留める。**8**を流し入れ、ゴムべらでやさしく表面をならす。バットに湯を深さ2〜3cmまで注ぎ入れ、予熱したオーブンで60分ほど焼き、160℃に上げてさらに5分ほど焼く。

10 表面に薄い焼き色がつき、竹串を刺してもなにもついてこなければオーブンに入れたまま30〜40分おく。アルミホイルをはずし、型ごと網にのせて冷まして、冷蔵室で冷やす。

11 側面のオーブン用シートをはずし、瓶などにのせて型の側面をはずす。底板とオーブン用シートの間にパレットナイフなどを差し込み、底板をはずす。

NOTE

- 卵黄と卵白を分けて作る「別立て」の生地です。
- 温めておいた牛乳を加えることで、生地がなめらかになり、だまになりにくくなります。
- 焼き終わってからも、オーブンに入れたまま少しずつ冷ますことで、高さが出て、ふんわりと仕上がります。
- 表面のひび割れを防ぐため、最初に低めの130℃で焼いてから、160℃で焼き色をつけるようにしました。
- 保存はラップで包み、冷蔵室で2〜3日が目安です。

側面のオーブン用シートが動かないように合わせ目の上下2か所に生地をつけ、しっかりと留めておきます。

ゴムべらで軽くたたくようにして表面をならします。強く触れると気泡がつぶれてしまうので注意。

バットごと天板にのせ、湯を2〜3cm注ぎます。オーブンに上下段がある場合は、下段で焼きましょう。オーブンに入れる際に湯がこぼれないように注意して。

焼いている間はふくらんでいますが、徐々にしぼみます。竹串に多少生地がついてきても問題はありません。しっかりと焼き色をつけたい場合は160℃でさらに5分ほど焼くとよいでしょう。ただし表面にひびが入りやすくなります。

アルミホイルははずします。粗熱はとれていますが、さらに網にのせて冷ましてから冷蔵室に移しましょう。

型離れしやすいように先に側面のオーブン用シートを生地と型から軽くはがしてからはずします。

底取タイプの最大のメリットはこれ。生地を取り出しやすいのです。

パレットナイフがない場合は包丁でも。差し込んだら360度回転させてしっかりと切り離します。底のオーブン用シートはついたままでOK。切り分けるときにはずしましょう。

11 紅茶とシトロン

口に含むと途端に紅茶とレモンの香りがやさしく広がります。
紅茶は風味が強く、レモンと相性のよいアールグレイを使いました。
細かくなりやすい、やわらかい茶葉のものがおすすめです。

12 チョコとオレンジ

たっぷり加えたオレンジのさわやかな酸味に、
チョコレートの苦み。お互いに引き立て合う、
絶妙の組み合わせです。食べるときにオレンジの果肉を
1房ずつ切り出したものを添えてもすてきです。

11 紅茶とシトロン

クリームチーズ … 200g
　▶常温にもどす
卵黄 … 3個分 (60g)
レモン果汁 … 小さじ2

A｜ 紅茶の茶葉 (アールグレイ) … 大さじ1
　｜ 湯 … 大さじ1
　｜ 牛乳 … 120g
　▶小鍋に紅茶の茶葉と湯を入れてふたをし、1分ほど蒸らす。牛乳を加えて中火で熱し、煮立つ直前に火を止め、再びふたをして2分ほど蒸らす。茶こしでこし⒜、120gに満たない場合は牛乳適量 (分量外) をたす

薄力粉 … 大さじ3

B｜ レモンの皮 … 1個分
　｜　▶すりおろす
　｜ 紅茶の茶葉 (アールグレイ) … 小さじ1
　｜　▶ラップで包み、めん棒を転がして細かくする

メレンゲ
　卵白 … 3個分 (90g)
　　▶ボウルに入れ、冷蔵室で冷やす
　グラニュー糖 … 60g

スプーンの背などでしっかり押して、搾り出してください。

---

12 チョコとオレンジ

POINT
◎ **4**で牛乳とオレンジ果汁はそれぞれ別個に2〜3回に分けて加えます。
◎ オレンジは1個でOK。先に皮をすりおろして果汁を搾ります。

クリームチーズ … 200g
　▶常温にもどす
卵黄 … 3個分 (60g)
レモン果汁 … 小さじ2

A｜ 牛乳 … 60g
　｜　▶耐熱ボウルに入れ、ラップをせずに電子レンジで10〜20秒加熱する
　｜ オレンジ果汁 … 約1個分 (60g)

薄力粉 … 大さじ3

B｜ オレンジの皮 … 1個分
　｜　▶すりおろす
　｜ 製菓用チョコレート (スイート) … 30g
　｜　▶5mm角に切る

メレンゲ
　卵白 … 3個分 (90g)
　　▶ボウルに入れ、冷蔵室で冷やす
　グラニュー糖 … 60g

共通の下準備と作り方

＊型の底板と側面にバター (分量外) を薄く塗ってオーブン用シートを敷き、アルミホイルで底を2回覆う。 →P5
＊バットにペーパータオルを敷き、型をのせる。
＊オーブンはほどよいタイミングで130℃に予熱する。
＊湯せん焼き用の湯 (分量外) を沸かす。

1 ボウルにクリームチーズを入れ、ゴムべらで混ぜて硬さを均一にする。

2 卵黄を3回ほどに分けて加え、そのつど全体になじむまで泡立て器で混ぜる。

3 レモン果汁を加え、全体になじむまで混ぜる。

4 **A**を2〜3回に分けて加え、そのつど全体に

　　> **12 チョコとオレンジ**　牛乳とオレンジ果汁はそれぞれ順に2〜3回に分けて加える。

　　なじむまで混ぜる。

5 薄力粉を万能こし器に入れてふるい入れ、粉けがなくなるまで混ぜる。

6 別のボウルに万能こし器でこしながら流し入れる。**B**を加え、大きく4〜5回混ぜる。

7 メレンゲを作る。卵白のボウルにグラニュー糖を加え、ハンドミキサーでスイッチを入れずに軽く混ぜる。高速で3〜4分泡立て、すくうとつのが軽くおじぎをするくらいにする。

8 **6**のボウルに**7**のメレンゲの1/3量を加える。泡立て器で大きくすくい上げ、泡立て器の中に入った生地を中心に落とすようにして8〜10回混ぜる。ほぼ混ざったら残りのメレンゲを2回ほどに分けて加え、そのつど同様に混ぜる。最後は片手でボウルを回しながら、ゴムべらで底から大きくすくい返すようにして全体を5回ほど混ぜる。

9 型の側面のオーブン用シートに**8**を少量つけて留める。**8**を流し入れ、ゴムべらでやさしく表面をならす。バットに湯を深さ2〜3cmまで注ぎ入れ、予熱したオーブンで60分ほど焼き、160℃に上げてさらに5分ほど焼く。

10 表面に薄い焼き色がつき、竹串を刺してもなにもついてこなければオーブンに入れたまま30〜40分おく。アルミホイルをはずし、型ごと網にのせて冷まして、冷蔵室で冷やす。

11 側面のオーブン用シートをはずし、瓶などにのせて型の側面をはずす。底板とオーブン用シートの間にパレットナイフなどを差し込み、底板をはずす。

13 チョコレート

クリームチーズとチョコレートだけだと濃厚すぎるので、
ラム酒で軽やかにまとめました。
クリームチーズの量も少なめにして調整しています。
チョコレートの色がしっかり出るので、
9の最後で160℃に上げて焼いて
焼き色をつける必要はありません。

14 コーヒー

インスタントコーヒーを顆粒のまま
最後に加えることで、味と見た目の
アクセントにしています。
苦みがしっかり楽しめます。

13 チョコレート

POINT
◎ **1**で塩も加えます。
◎ **4**でラム酒、チョコレートの順に加え、そのつどよく混ぜます。

材料と下準備　直径15cm丸型（底取）1台分

クリームチーズ … 100g
▶ 常温にもどす
塩 … ひとつまみ
卵黄 … 3個分（60g）
牛乳 … 120g
▶ 耐熱ボウルに入れ、ラップをせずに
電子レンジで20～30秒加熱する
A［ ラム酒 … 大さじ1
　 製菓用チョコレート（スイート） … 80g
　 ▶ 粗く刻んで小さめのボウルに入れ、湯せんにかけて溶かす ⓐ
B［ 薄力粉 … 25g
　 ココアパウダー … 大さじ1
メレンゲ
　［ 卵白 … 3個分（90g）
　 ▶ ボウルに入れ、冷蔵室で冷やす
　 グラニュー糖 … 60g

約60℃の湯にボウルの底をあてて溶かします。完全に溶けてもそのまま湯せんにかけておいて。

14 コーヒー

POINT
◎ **8**でメレンゲを混ぜ終えたらインスタントコーヒーを加えます。

材料と下準備　直径15cm丸型（底取）1台分

クリームチーズ … 200g
▶ 常温にもどす
卵黄 … 3個分（60g）
牛乳 … 120g
▶ 耐熱ボウルに入れ、ラップをせずに電子レンジで20～30秒加熱する
A［ インスタントコーヒー（顆粒） … 小さじ4
　 湯 … 小さじ1と1/2 ── 湯を同量のラム酒に代えると大人向けの味になります。
　 ▶ 溶き混ぜる
B［ 薄力粉 … 大さじ3
メレンゲ
　［ 卵白 … 3個分（90g）
　 ▶ ボウルに入れ、冷蔵室で冷やす
　 グラニュー糖 … 60g
インスタントコーヒー（顆粒） … 小さじ2

共通の下準備

＊ 型の底板と側面にバター（分量外）を薄く塗ってオーブン用シートを敷き、アルミホイルで底を2回覆う。 **→P5**
＊ バットにペーパータオルを敷き、型をのせる。
＊ オーブンはほどよいタイミングで130℃に予熱する。
＊ 湯せん焼き用の湯（分量外）を沸かす。

共通の作り方

1 ボウルにクリームチーズを入れ、ゴムべらで混ぜて硬さを均一にする。

> **13 チョコレート**　さらに塩を加え、完全になじむまですり混ぜる。

2 卵黄を3回ほどに分けて加え、そのつど全体になじむまで泡立て器で混ぜる。

3 牛乳を3回ほどに分けて加え、そのつど全体になじむまで混ぜる。

4 <u>Aを加え、全体になじむまで混ぜる。</u>

> **13 チョコレート**　ラム酒、チョコレートの順に加え、そのつど全体になじむまで混ぜる。

5 Bを万能こし器に入れてふるい入れ、粉けがなくなるまで混ぜる。

6 別のボウルに万能こし器でこしながら流し入れる。

7 メレンゲを作る。卵白のボウルにグラニュー糖を加え、ハンドミキサーでスイッチを入れずに軽く混ぜる。高速で3～4分泡立て、すくうとつのが軽くおじぎをするくらいになったらOK。

8 **6**のボウルに**7**のメレンゲの1/3量を加える。泡立て器で大きくすくい上げ、泡立て器の中に入った生地を中心に落とすようにして8～10回混ぜる。ほぼ混ざったら残りのメレンゲを2回ほどに分けて加え、そのつど同様に混ぜる。

> **14 コーヒー**　さらにインスタントコーヒーを加える。

最後は片手でボウルを回しながら、ゴムべらで底から大きくすくい返すようにして全体を5回ほど混ぜる。

9 型の側面のオーブン用シートに**8**を少量つけて留める。**8**を流し入れ、ゴムべらでやさしく表面をならす。バットに湯を深さ2～3cmまで注ぎ入れ、予熱したオーブンで60分ほど焼き、<u>160℃に上げてさらに5分ほど焼く。</u>

> **13 チョコレート**　このプロセスは不要。

10 表面に薄い焼き色がつき、竹串を刺してもなにもついてこなければオーブンに入れたまま30～40分おく。アルミホイルをはずし、型ごと網にのせて冷まして、冷蔵室で冷やす。

11 側面のオーブン用シートをはずし、瓶などにのせて型の側面をはずす。底板とオーブン用シートの間にパレットナイフなどを差し込み、底板をはずす。

15 抹茶

抹茶は洋菓子にもよく使われていて、世界中で大人気です。
クリームチーズとの相性も抜群。
食べる直前にレモンの皮をすりおろすと、
さわやかな香りが抹茶の風味を引き立てます。

材料と下準備　直径15cm丸型（底取）1台分

クリームチーズ … 200g
　▶ 常温にもどす
卵黄 … 3個分 (60g)
レモン果汁 … 小さじ2
牛乳 … 120g
　▶ 耐熱ボウルに入れ、ラップをせずに
電子レンジで20～30秒加熱する
A ┌ 薄力粉 … 15g
　└ 抹茶パウダー … 小さじ4
メレンゲ
　┌ 卵白 … 3個分 (90g)
　│ ▶ ボウルに入れ、冷蔵室で冷やす
　└ グラニュー糖 … 60g
レモンの皮 … 適量

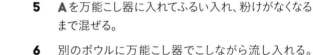

[抹茶パウダー]
ほどよい渋みのある一
保堂茶舗の「縁の白」や
「初音」などを使用して
います。

＊型の底板と側面にバター（分量外）を薄く塗ってオーブン用
シートを敷き、アルミホイルで底を2回覆う。→P5
＊バットにペーパータオルを敷き、型をのせる。
＊オーブンはほどよいタイミングで130℃に予熱する。
＊湯せん焼き用の湯（分量外）を沸かす。

作り方

1 ボウルにクリームチーズを入れ、ゴムべらで混ぜて硬さを均一にする。

2 卵黄を3回ほどに分けて加え、そのつど全体になじむまで泡立て器で混ぜる。

3 レモン果汁を加え、全体になじむまで混ぜる。

4 牛乳を3回ほどに分けて加え、そのつど全体になじむまで混ぜる。

5 Aを万能こし器に入れてふるい入れ、粉けがなくなるまで混ぜる。

6 別のボウルに万能こし器でこしながら流し入れる。

7 メレンゲを作る。卵白のボウルにグラニュー糖を加え、ハンドミキサーでスイッチを入れずに軽く混ぜる。高速で3～4分泡立て、すくうとつのが軽くおじぎをするくらいになったらOK。

8 6のボウルに7のメレンゲの1/3量を加える。泡立て器で大きくすくい上げ、泡立て器の中に入った生地を中心に落とすようにして8～10回混ぜる。ほぼ混ざったら残りのメレンゲを2回ほどに分けて加え、そのつど同様に混ぜる。最後は片手でボウルを回しながら、ゴムべらで底から大きくすくい返すようにして全体を5回ほど混ぜる。

9 型の側面のオーブン用シートに8を少量つけて留める。8を流し入れ、ゴムべらでやさしく表面をならす。バットに湯を深さ2～3cmまで注ぎ入れ、予熱したオーブンで60分ほど焼き、160℃に上げてさらに5分ほど焼く。

10 表面に薄い焼き色がつき、竹串を刺してもなにもついてこなければオーブンに入れたまま30～40分おく。アルミホイルをはずし、型ごと網にのせて冷まして、冷蔵室で冷やす。

11 側面のオーブン用シートをはずし、瓶などにのせて型の側面をはずす。底板とオーブン用シートの間にパレットナイフなどを差し込み、底板をはずす。食べるときにレモンの皮をすりおろしながらかける。

16 ヨーグルト

スフレチーズケーキですが、このレシピでは
湯せん焼きにしません。通常よりも軽い食感で、
完全に冷まさず、温かいうちに食べてもおいしいです。

POINT
◎ ヨーグルトは水きり不要です。
◎ アーモンドスライスは表面にのせて焼くのでロースト済みでなくてもOK。

材料と下準備　直径15cm丸型（底取）1台分

クリームチーズ … 100g
　▶ 常温にもどす
生クリーム（乳脂肪分45%）… 50g
プレーンヨーグルト（無糖）… 50g
卵黄 … 2個分（40g）
レモン果汁 … 小さじ1
薄力粉 … 35g
メレンゲ
　卵白 … 2個分（60g）
　　▶ ボウルに入れ、冷蔵室で冷やす
　きび砂糖 … 50g
アーモンドスライス … 10g

＊型にオーブン用シートを敷き、アルミホイルで底を覆う。 →P5
＊オーブンはほどよいタイミングで210℃に予熱する。

作り方

1　ボウルにクリームチーズを入れ、ゴムべらで混ぜて硬さを均一にする。

2　生クリーム、ヨーグルトの順に加え、そのつど全体になじむまで泡立て器で混ぜる。

3　卵黄を2回ほどに分けて加え、そのつど全体になじむまで混ぜる。

4　レモン果汁を加え、全体になじむまで混ぜる。

5　薄力粉を万能こし器に入れてふるい入れ、粉けがなくなるまで混ぜる。

6　別のボウルに万能こし器でこしながら流し入れる。

7　メレンゲを作る。卵白のボウルにきび砂糖を加え、ハンドミキサーでスイッチを入れずに軽く混ぜる。高速で3分ほど泡立て、すくうとつのが軽くおじぎをするくらいになったらOK。

8　**6**のボウルに**7**のメレンゲの1/3量を加える。泡立て器で大きくすくい上げ、泡立て器の中に入った生地を中心に落とすようにして8〜10回混ぜる。ほぼ混ざったら残りのメレンゲを2回ほどに分けて加え、そのつど同様に混ぜる。最後は片手でボウルを回しながら、ゴムべらで底から大きくすくい返すようにして全体を5回ほど混ぜる。

9　型の側面のオーブン用シートに**8**を少量つけて留める。**8**を流し入れ、ゴムべらでやさしく表面をならし、アーモンドスライスを散らす。予熱したオーブンで10分ほど焼き、180℃に下げてさらに30分ほど焼く。

10　表面に焼き色がつき、竹串を刺してもなにもついてこなければできあがり。すぐにアルミホイルをはずし、瓶などにのせて型の側面をはずす。側面のオーブン用シートをはがし、網にのせて冷まして、手で底板をはずす。

なめらかな口あたりのひんやりおいしいケーキ

17 基本のレアチーズケーキ

オーブンは使わずに、ゼラチンを入れて冷やして固めるケーキです。

混ぜて冷やすだけなのでとっても簡単。アレンジのしがいもあります。

暖かい季節はもちろんのこと、ホットドリンクと一緒にいただくのもまた格別ですね。

牛乳を加えてさっぱりとしたあと味にしました。

レアチーズケーキでは、香りのよい生のレモン果汁を使いましょう。

START   GOAL

| 土台を作る | → | クリームチーズを
やわらかくする | → | その他の材料を
混ぜていく | → | こす | → | 型に流し入れて
冷蔵室で冷やす |

材料と下準備 直径15cm丸型（底取）1台分

土台

グラハムビスケット … 60g
> ▶ジッパーつき保存袋に入れ、
> めん棒を転がして細かくする ⓐ

バター（食塩不使用）… 25g

クリームチーズ … 200g
> ▶常温にもどす

グラニュー糖 … 70g

生クリーム（乳脂肪分45%）… 200g

レモン果汁 … 大さじ2

牛乳 … 100g

A ┌ 水 … 大さじ1
　└ 粉ゼラチン … 5g
> ▶水に粉ゼラチンをふり入れ、5分ほどふやかす ⓑ

[グラハムビスケット]
チーズケーキの土台によく用いられる全粒粉入りのビスケット。独特の香ばしさが楽しめます。グラハムクラッカーやマリービスケットで代用しても構いません。

ビスケットが飛び出ないよう、袋の口は閉じておきます。まず上から押さえて粗く砕いてからめん棒を転がしましょう。

水の代わりに同量のキルシュを使うと大人っぽい風味が楽しめます。

1 土台を作る。耐熱ボウルにバターを入れ、ラップをせずに電子レンジで30秒ほど加熱して混ぜ、さらに30秒ほど加熱して溶かす。ビスケットを加え、スプーンなどでよく混ぜてなじませる。型に入れ、スプーンの背で押しつけるようにして全体に敷き詰め、冷蔵室で冷やす。

2 ボウルにクリームチーズを入れ、ゴムべらで混ぜて硬さを均一にする。

3 グラニュー糖を加え、完全になじむまですり混ぜる。

4 生クリームを3回ほどに分けて加え、そのつど全体になじむまで泡立て器で混ぜる。

5 レモン果汁を2回ほどに分けて加え、そのつど全体になじむまで混ぜる。

6 耐熱ボウルに牛乳を入れ、ラップをせずに電子レンジで50秒ほど加熱する。熱いうちに **A** を加え、小さめの泡立て器などで混ぜて溶かす。

7 **5**のボウルに**6**を3回ほどに分けて加え、そのつど全体になじむまで泡立て器で混ぜる。

バターは電子レンジで溶かしましょう。加熱しすぎると風味が飛ぶので注意。ここに砕いたビスケットを加えて混ぜます。

厚みが均一になるように敷き詰めます。ラップで覆って、指で押さえてもOK。

クリームチーズのかたまりが残らないよう、全体を混ぜてなめらかなクリーム状にします。

グラニュー糖が全体になじむよう、奥から手前に向かって押さえつけるようにしながらしっかりと混ぜます。

ここからは泡立て器。ワイヤーに近い部分を握ることで、混ぜやすくなります。

生のレモン果汁を使うと風味がよくなります。

牛乳はゼラチンが溶けやすいように約80℃に温めます。よく混ぜてゼラチンを完全に溶かしてください。

ゼラチンを溶かした牛乳を3回ほどに分けて加え、しっかりと生地になじませます。

8 別のボウルに万能こし器でこしながら流し入れる。

9 **1**の型に**8**を流し入れ、ゴムべらでやさしく表面をならし、冷蔵室で3時間以上冷やし固める。

10 温かいぬれぶきんで側面を覆って生地をゆるめてから、瓶などにのせて型の側面をはずす。底板と土台の間にパレットナイフなどを差し込み、底板をはずす。

N O T E
● ゼラチンを使った冷やし固めるお菓子です。こうしたチーズケーキは日本が発祥です。
● くだもののソースをかけてもおいしいです（P58〜59）。
● 保存はラップで包み、冷蔵室で2〜3日が目安です。

こすことで口あたりがなめらかになります。ゴムべらで軽く押しつけてしっかりとこしましょう。こし終わったと思っても、こし器の裏側に生地がけっこう残っていたりするので、しっかりこそげ取ってください。

ゴムべらの先端で表面をならします。表面に水滴がついてしまうので、冷やし固めるときはラップはしなくてOK。

湯で温めて水けを絞ったふきんで型の側面を温め、生地と型の間をゆるめてから、型をはずします。

パレットナイフがない場合は包丁でも。差し込んだら360度回転させてしっかりと切り離します。

18 はちみつレモン

気軽に作れるアレンジです。
表面のレモンが華やかで涼しげなレアチーズケーキ。
レモンのさわやかさを引き立てるために、
砂糖よりもマイルドなはちみつを使いました。

→P46

19 マンゴー

マンゴーをふんだんに使ったトロピカルなチーズケーキ。
上にはマンゴーゼリーをのせて、食感のレイヤーが楽しめます。
角切りにしたマンゴーがアクセントに。

→P47

20 ホワイトチョコの フォレノワール風

チェリーとチョコレート合わせたお菓子
「フォレノワール」をホワイトチョコレートで
作ったものをイメージしました。
赤ワインの風味と甘さのバランスがよい、
大人向けのケーキです。

→P48

21 マーブル

基本のレアチーズケーキの生地の一部にチョコレートを加えて
色をつけ、混ぜ合わせることによってマーブル模様を作ります。
混ぜすぎるとマーブルにならないのでご注意を。

→P49

18 はちみつレモン

材料と下準備　直径15cm丸型（底取）1台分

土台
　グラハムビスケット … 60g
　　▶ジッパーつき保存袋に入れ、めん棒を転がして細かくする
　レモンの皮 … 1/2個分
　　▶すりおろす
　バター（食塩不使用）… 25g
クリームチーズ … 200g
　▶常温にもどす
はちみつ … 70g
生クリーム（乳脂肪分45%）… 200g
レモン果汁 … 大さじ3
牛乳 … 100g
A　水 … 大さじ1
　　粉ゼラチン … 5g
　▶水に粉ゼラチンをふり入れ、5分ほどふやかす
レモンのはちみつ漬け
　レモン … 1個
　　▶厚さ3mmの輪切りにする
　はちみつ … 大さじ2
　▶合わせてひと晩おく

作り方

1　土台を作る。耐熱ボウルにバターを入れ、ラップをせずに電子レンジで30秒ほど加熱して混ぜ、さらに30秒ほど加熱して溶かす。ビスケットとレモンの皮を加え、スプーンなどでよく混ぜてなじませる。型に入れ、スプーンの背で押しつけるようにして全体に敷き詰め、冷蔵室で冷やす。

2　ボウルにクリームチーズを入れ、ゴムべらで混ぜて硬さを均一にする。

3　はちみつを加え、完全になじむまですり混ぜる。

4　生クリームを3回ほどに分けて加え、そのつど全体になじむまで泡立て器で混ぜる。

5　レモン果汁を2回ほどに分けて加え、そのつど全体になじむまで混ぜる。

6　耐熱ボウルに牛乳を入れ、ラップをせずに電子レンジで50秒ほど加熱する。熱いうちに**A**を加え、小さめの泡立て器などで混ぜて溶かす。

7　**5**のボウルに**6**を3回ほどに分けて加え、そのつど全体になじむまで泡立て器で混ぜる。

8　別のボウルに万能こし器でこしながら流し入れる。

9　**1**の型に**8**を流し入れ、ゴムべらでやさしく表面をならし、冷蔵室で3時間以上冷やし固める。

10　温かいぬれぶきんで側面を覆って生地をゆるめてから、瓶などにのせて型の側面をはずす。底板と土台の間にパレットナイフなどを差し込み、底板をはずす。食べるときにレモンのはちみつ漬けをのせる。

19 マンゴー

POINT

◎ 冷やし固める時間が2回に分かれているので、作るときはあらかじめ時間を計算してください。

材料と下準備 直径15cm丸型(底取)1台分

土台
- グラハムビスケット … 60g
  - ▶ ジッパーつき保存袋に入れ、めん棒を転がして細かくする
- バター（食塩不使用）… 25g

クリームチーズ … 200g
- ▶ 常温にもどす

グラニュー糖 … 60g

レモン果汁 … 小さじ4

冷凍マンゴー … 200g+80g+80g
- ▶ 200g＋80gは解凍し、ハンディブレンダーでピュレ状になるまで攪拌して ⓐ、80gは使用直前まで冷蔵室に入れておき、マンゴーゼリーに使う。残りの80gは凍ったまま1.5cm角に切って冷凍室に入れておく

プレーンヨーグルト（無糖）… 80g

A ┌ 水 … 小さじ5
  └ 粉ゼラチン … 8g
- ▶ 水に粉ゼラチンをふり入れ、5分ほどふやかす

マンゴーゼリー
- 水 … 小さじ1
- 粉ゼラチン … 2g
- B ┌ 水 … 小さじ5
    └ グラニュー糖 … 20g
- レモン果汁 … 小さじ1/2

[冷凍マンゴー]
濃厚な甘みとねっとりとした口あたりが人気のマンゴー。生は手に入りにくいので冷凍を使用。

ⓐ カップ状の容器に入れて作業します。ミキサーを使用してもOK。

作り方

1 土台を作る。耐熱ボウルにバターを入れ、ラップをせずに電子レンジで30秒ほど加熱して混ぜ、さらに30秒ほど加熱して溶かす。ビスケットを加え、スプーンなどでよく混ぜてなじませる。型に入れ、スプーンの背で押しつけるようにして全体に敷き詰め、冷蔵室で冷やす。

2 ボウルにクリームチーズを入れ、ゴムべらで混ぜて硬さを均一にする。

3 グラニュー糖を加え、完全になじむまですり混ぜる。

4 レモン果汁を2回ほどに分けて加え、そのつど全体になじむまで泡立て器で混ぜる。

5 ピュレ状にしたマンゴー200gを2回ほどに分けて加え、そのつど全体になじむまで混ぜる。

6 耐熱ボウルにヨーグルトを入れ、ラップをせずに電子レンジで40秒ほど加熱する。熱いうちに **A** を加え、小さめの泡立て器などで混ぜて溶かす。

7 **5** のボウルに **6** を2回ほどに分けて加え、そのつど全体になじむまで泡立て器で混ぜる。

8 別のボウルに万能こし器でこしながら流し入れる。

9 1.5cm角に切ったマンゴー80gを加え、ゴムべらで大きく4〜5回混ぜる。

10 **1** の型に **9** を流し入れ、ゴムべらでやさしく表面をならし、冷蔵室で3時間ほど冷やし固める。

11 マンゴーゼリーを作る。水に粉ゼラチンをふり入れ、5分ほどふやかす。

12 耐熱ボウルに **B** を入れ、ラップをせずに電子レンジで50秒ほど加熱して小さめの泡立て器などで混ぜる。グラニュー糖が溶けたら、**11** を加えて混ぜ、溶かす。ピュレ状にしたマンゴー80g、レモン果汁の順に加え、そのつど全体になじむまで混ぜる。ボウルの底を氷水にあてながら、ゆっくりと混ぜて冷やす。マンゴーゼリーのできあがり。

13 **10** に **12** のマンゴーゼリーを静かに注ぎ、さらに冷蔵室で2時間以上冷やし固める。

14 温かいぬれぶきんで側面を覆って生地をゆるめてから、瓶などにのせて型の側面をはずす。底板と土台の間にパレットナイフなどを差し込み、底板をはずす。

20 ホワイトチョコのフォレノワール風

POINT
◎ **10**でチェリーの赤ワイン煮は、偏らないよう2回に分けて生地に入れます。

材料と下準備 直径15cm丸型（底取）1台分

チェリーの赤ワイン煮
アメリカンチェリー … 種つきで180g
グラニュー糖 … 40g
赤ワイン … 50g
レモン果汁 … 小さじ1/2
コーンスターチ … 小さじ2
水 … 小さじ2

土台
グラハムビスケット … 60g
▶ ジッパーつき保存袋に入れ、めん棒を転がして細かくする
バター（食塩不使用）… 25g

クリームチーズ … 200g
▶ 常温にもどす

グラニュー糖 … 20g

製菓用ホワイトチョコレート … 80g
▶ 粗く刻んで小さめのボウルに入れ、湯せんにかけて溶かす

生クリーム（乳脂肪分35%）… 200g

牛乳 … 80g

A キルシュ … 小さじ4
粉ゼラチン … 5g
▶ キルシュに粉ゼラチンをふり入れ、5分ほどふやかす

> ホワイトチョコレートの甘さが加わるので、生クリームは脂肪分の低いものを使用します。

作り方

1 チェリーの赤ワイン煮を作る。アメリカンチェリーは包丁で縦にぐるりと切り込みを入れて2つに分け、種を取る。小鍋にアメリカンチェリー、グラニュー糖、赤ワイン、レモン果汁を入れて弱火で熱し、あくを取りながら10分ほど煮る。コーンスターチを水で溶いてから加え、ひと煮立ちさせて耐熱ボウルに移し、冷ます。

2 土台を作る。耐熱ボウルにバターを入れ、ラップをせずに電子レンジで30秒ほど加熱して混ぜ、さらに30秒ほど加熱して溶かす。ビスケットを加え、スプーンなどでよく混ぜてなじませる。型に入れ、スプーンの背で押しつけるようにして全体に敷き詰め、冷蔵室で冷やす。

3 ボウルにクリームチーズを入れ、ゴムべらで混ぜて硬さを均一にする。

4 グラニュー糖を加え、完全になじむまですり混ぜる。

5 ホワイトチョコレートを2回ほどに分けて加え、そのつど全体になじむまで泡立て器で混ぜる。

6 生クリームを3回ほどに分けて加え、そのつど全体になじむまで混ぜる。

7 耐熱ボウルに牛乳を入れ、ラップをせずに電子レンジで40秒ほど加熱する。熱いうちに**A**を加え、小さめの泡立て器などで混ぜて溶かす。

8 **6**のボウルに**7**を3回ほどに分けて加え、そのつど全体になじむまで泡立て器で混ぜる。

9 別のボウルに万能こし器でこしながら流し入れる。

10 **2**の型にスプーンなどで**1**のチェリーの赤ワイン煮の1/3量を汁けをきりながら並べ、**9**の1/2量を流し入れる**ⓐ**。残りのチェリーの赤ワイン煮の1/2量を同様に並べ**ⓑ**（残りは仕上げ用に取っておく）、残りの**9**を流し入れる。ゴムべらでやさしく表面をならし、冷蔵室で3時間以上冷やし固める。

11 温かいぬれぶきんで型の側面を覆って生地をゆるめてから、瓶などにのせて型の側面をはずす。底板と土台の間にパレットナイフなどを差し込み、底板をはずす。食べるときに残りの**1**のチェリーの赤ワイン煮を添える。

チェリーの赤ワイン煮は2/3量を生地の中に、残りをできあがりに添えます。

21 マーブル

材料と下準備 直径15cm丸型（底取）1台分

土台

> グラハムビスケット … 60g
> ▶ ジッパーつき保存袋に入れ、めん棒を転がして細かくする
> バター（食塩不使用）… 25g

クリームチーズ … 200g
> ▶ 常温にもどす

グラニュー糖 … 70g

生クリーム（乳脂肪分45％）… 200g

レモン果汁 … 大さじ2

牛乳 … 100g

A ┌ キルシュ … 大さじ1 ──┐
　└ 粉ゼラチン … 5g

> 子どもに食べさせる場合は同量の水で代用してもOK。

> ▶ キルシュに粉ゼラチンをふり入れ、5分ほどふやかす

製菓用チョコレート（スイート）… 20g
> ▶ 粗く刻んで小さめのボウルに入れ、湯せんにかけて溶かす

[キルシュ]
さくらんぼを発酵させて作る、無色透明で香り高い蒸留酒。キルシュはドイツ語で「さくらんぼ」の意味。菓子の風味づけによく用いられます。

作り方

1 土台を作る。耐熱ボウルにバターを入れ、ラップをせずに電子レンジで30秒ほど加熱して混ぜ、さらに30秒ほど加熱して溶かす。ビスケットを加え、スプーンなどでよく混ぜてなじませる。型に入れ、スプーンの背で押しつけるようにして全体に敷き詰め、冷蔵室で冷やす。

2 ボウルにクリームチーズを入れ、ゴムべらで混ぜて硬さを均一にする。

3 グラニュー糖を加え、完全になじむまですり混ぜる。

4 生クリームを3回ほどに分けて加え、そのつど全体になじむまで泡立て器で混ぜる。

5 レモン果汁を2回ほどに分けて加え、そのつど全体になじむまで混ぜる。

6 耐熱ボウルに牛乳を入れ、ラップをせずに電子レンジで50秒ほど加熱する。熱いうちにAを加え、小さめの泡立て器などで混ぜて溶かす。

7 **5**のボウルに**6**を3回ほどに分けて加え、そのつど全体になじむまで泡立て器で混ぜる。

8 別のボウルに万能こし器でこしながら流し入れる。

9 チョコレートのボウルに**8**を40g取り分けⓐ、泡立て器で全体になじむまで混ぜる。

10 **1**の型に残りの**8**を流し入れ、ゴムべらでやさしく表面をならす。スプーンなどで**9**をところどころに落とし、菜箸1本で小さな円を描くようにして、できるだけばらばらに10〜15回混ぜるⓑ。冷蔵室で3時間以上冷やし固める。

11 温かいぬれぶきんで型の側面を覆って生地をゆるめてから、瓶などにのせて型の側面をはずす。底板と土台の間にパレットナイフなどを差し込み、底板をはずす。

チョコレートが入ったボウルをはかりにのせ、計量しながら生地を加えていきます。

チョコレート生地の中央あたりを切るようにして円を描くときれいな模様ができます。

22 キウイ、ライム、ミント

ここで紹介する2品はグラスで作りました。
もちろんほかのレシピと同様に15cm丸型でも作れます。
こちらはライムとミントをたっぷりと効かせたさわやかな
レアチーズケーキ。サワークリームを加えて食感も軽やかに。

23 いちごとヨーグルト

見た目がかわいい一品。
いちごはゼリーにして表面にのせ、
より涼やかに仕上げています。
層の違いをお楽しみください。

22 キウイ、ライム、ミント

POINT
◎ **1**でクリームチーズとサワークリームを混ぜます。
◎ **7**でこした生地にライムの皮とミントの葉を加え混ぜます。
◎ 食べる直前に**E**のトッピングをのせます。

材料と下準備 容量300㎖の容器4個分

クリームチーズ … 200g
　▶ 常温にもどす
サワークリーム … 90g
グラニュー糖 … 70g
生クリーム（乳脂肪分45%）
　… 200g
A［ ライム果汁 … 大さじ3
B［ 牛乳 … 70g
C［ ラム酒 … 大さじ1
　　 粉ゼラチン … 5g
　▶ ラム酒に粉ゼラチンをふり入れ、
　5分ほどふやかす

D［ ライムの皮 … 1個分
　　　 ▶ すりおろす
　　 ミントの葉 … 2g
　　　 ▶ みじん切りにする
E［ ミントの葉 … 適量
　　 ライム … 適量
　　　 ▶ 厚さ3mmの輪切り、または
　　　 半月切りにする
　　 キウイ … 適量
　　　 ▶ 厚さ8mmの半月切りにする

23 いちごとヨーグルト

POINT
◎ **8**でレアチーズケーキの表面が固まる程度に1時間ほど冷やし、そこにいちごゼリーをのせて、2時間ほど冷やし固めます。
◎ いちごゼリーは、熱い状態のゼラチン液にいちごを入れると、いちごの色が抜けてしまうので、必ず約30℃になるまで粗熱をとりましょう。また、熱い状態でレアチーズケーキにかけると、ケーキが溶けてしまいます。

材料と下準備 容量300㎖の容器4個分

クリームチーズ … 200g
　▶ 常温にもどす
グラニュー糖 … 70g
生クリーム（乳脂肪分45%）
　… 200g
A［ レモン果汁 … 小さじ4
B［ プレーンヨーグルト（無糖）
　　 … 140g
C［ 水 … 小さじ4
　　 粉ゼラチン … 6g
　▶ 水に粉ゼラチンをふり入れ、
　5分ほどふやかす

いちごゼリー
［ 白ワイン … 25g
　 粉ゼラチン … 4g
　　 ▶ 白ワインに粉ゼラチンをふり
　　 入れ、5分ほどふやかす
いちご … 240g
　 ▶ 8mm角に切る
水 … 200g
グラニュー糖 … 30g
レモン果汁 … 小さじ2と1/2
▶ 小鍋に水、グラニュー糖、レモン果汁を入れて中火で熱し、グラニュー糖が溶けたら火を止め、白ワインでふやかしたゼラチンを加えて混ぜ、溶かす。ボウルに移し、ボウルの底を氷水にあてながら@泡立て器でゆっくりと混ぜて粗熱をとり、いちごを加えて冷ます

いちごを加える前に必ず粗熱をとります。ケーキにのせるときには確実に冷えているように。

共通の作り方

1 ボウルにクリームチーズを入れ、ゴムべらで混ぜて硬さを均一にする。

　22 キウイ、ライム、ミント
　さらにサワークリームを2回ほどに分けて加え、そのつど全体になじむまで混ぜる。

2 グラニュー糖を加え、完全になじむまですり混ぜる。

3 生クリームを3回ほどに分けて加え、そのつど全体になじむまで泡立て器で混ぜる。

4 **A**を2回ほどに分けて加え、そのつど全体になじむまで混ぜる。

5 耐熱ボウルに**B**を入れ、ラップをせずに電子レンジで<u>40秒ほど加熱する。</u>

　23 いちごとヨーグルト
　1分ほど加熱する。

　熱いうちに**C**を加え、小さめの泡立て器などで混ぜて溶かす。

6 **4**のボウルに**5**を3回ほどに分けて加え、そのつど全体になじむまで泡立て器で混ぜる。

7 別のボウルに万能こし器でこしながら流し入れる。

　22 キウイ、ライム、ミント
　さらに**D**を加え、ゴムべらで大きく4〜5回混ぜる。

8 容器に**7**を等分に流し入れ、スプーンでやさしく表面をならす。

　22 キウイ、ライム、ミント
　さらに食べるときに**E**をのせる。

　<u>冷蔵室で2時間以上冷やし固める。</u>

　23 いちごとヨーグルト
　1時間ほど冷やし固め、いちごゼリーを等分にかけて、さらに冷蔵室で2時間ほど冷やし固める。

◀ レアチーズケーキの表面が固まったら完全に冷めたいちごゼリーをかけます。

24 バスク風チーズケーキ

スペイン・バスク地方のとある居酒屋さんの人気メニューが、
日本では「バスク風チーズケーキ」として人気になりました。特徴は真っ黒に焼き上げられた表面と、
ボリュームがあって濃厚な生地。卵と生クリームをふんだんに使うので濃厚な味に仕上がります。
オーブン用シートをつけたまま盛りつけると雰囲気が出ますよ。

POINT

◎ 材料がほぼ倍になっていますが、「ベイクドチーズケーキ」とほぼ同じ作り方で、とても簡単です。生地をこす必要はありません。

◎ ラップで包めば冷蔵室で3〜4日は保存できます。

材料と下準備　直径15cm丸型(底取)1台分

クリームチーズ … 400g
　▶ 常温にもどす
グラニュー糖 … 80g
塩 … ひとつまみ
全卵 … 3個分 (150g)
　▶ 常温にもどし、フォークで溶きほぐす
生クリーム (乳脂肪分45%) … 200g
薄力粉 … 小さじ1

*オーブン用シートを30cmほど切り出し、水でぬらして丸め、広げて型に敷くⓐ。
*オーブンはほどよいタイミングで250℃に予熱する。

オーブン用シートはラフに敷き詰めたほうが「バスク風」らしい雰囲気が出ます。紙ごと器に盛ってもよいでしょう。

作り方

1 ボウルにクリームチーズを入れ、ゴムべらで混ぜて硬さを均一にする。

2 グラニュー糖と塩を加え、完全になじむまですり混ぜる。

3 卵を3回ほどに分けて加え、そのつど全体になじむまで泡立て器で混ぜる。

4 生クリームを2回ほどに分けて加え、そのつど全体になじむまで混ぜる。

5 薄力粉を茶こしに入れてふるい入れ、粉けがなくなるまで混ぜる。

6 型に**5**を流し入れ、型を軽く揺らして表面をならす。予熱したオーブンで20〜25分焼く。

7 表面にしっかりと焼き色がつき、竹串を刺して火の通った生地が少しついてくる程度でできあがり。アルミホイルをはずし、型ごと網にのせて冷ましてⓑ、冷蔵室で冷やす。

8 瓶などにのせて型の側面をはずす。底板とオーブン用シートの間にパレットナイフなどを差し込み、底板をはずす。

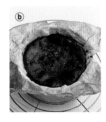

焼き上がりはかなり盛り上がりますが、冷めるにつれてしぼんできます。

25 トルタディリコッタ

リコッタチーズを使ったさっぱり味のイタリアのケーキ。
しっとりと軽い食感で、派手さはありませんが、くせになるおいしさです。
香ばしい松の実が食感のアクセント。粗く刻んだくるみで代用しても構いません。

材料と下準備　直径15cm丸型（底取）1台分

バター（食塩不使用）… 60g
　▶ 常温にもどす

グラニュー糖 … 50g

レモンの皮 … 1個分
　▶ すりおろす

卵黄 … 3個分（60g）

リコッタチーズ … 250g

A｜アーモンドパウダー … 50g
　｜薄力粉 … 15g

メレンゲ
　｜卵白 … 3個分（90g）
　｜　▶ ボウルに入れ、冷蔵室で冷やす
　｜グラニュー糖 … 50g

松の実 … 20g

＊型にオーブン用シートを敷き、アルミホイルで底を覆う。[→P5]

＊オーブンはほどよいタイミングで180℃に予熱する。

［リコッタチーズ］

イタリア産のフレッシュチーズ。ホエー（乳清）を加熱して固めたもので、脂肪分が少なく、やわらかくて、やさしい甘みがあります。

作り方

1 ボウルにバター、グラニュー糖、レモンの皮を入れ、泡立て器でバターがなめらかになり、グラニュー糖が完全になじむまで混ぜる。

2 卵黄を3回ほどに分けて加え、そのつど全体になじむまで混ぜる。

3 リコッタチーズを3回ほどに分けて加え④、そのつど全体になじむまで混ぜる。

4 Aを万能こし器に入れてふるい入れ⑤、粉けがなくなるまで混ぜる。

5 メレンゲを作る。卵白をハンドミキサーの高速で30秒ほど泡立てる。グラニュー糖を5回ほどに分けて加え、そのつど高速で20〜30秒泡立てる。すくうとつのがぴんと立つくらいになったらOK⑥。

6 **4**のボウルに**5**のメレンゲの1/3量を加える。泡立て器で大きくすくい上げ、泡立て器の中に入った生地を中心に落とすようにして⑦8〜10回混ぜる。ほぼ混ざったら残りのメレンゲを2回ほどに分けて加え、そのつど同様に混ぜる。最後は片手でボウルを回しながら、ゴムべらで底から大きくすくい返すようにして全体を5回ほど混ぜる⑧。

7 型の側面のオーブン用シートに**6**を少量つけて留める。**6**を入れ、ゴムべらでやさしく表面をならし、松の実を散らす。予熱したオーブンで50分ほど焼く。

8 表面に焼き色がつき、竹串を刺してもなにもついてこなければできあがり。アルミホイルをはずし、型ごと網にのせて冷ます。

9 側面のオーブン用シートをはずし、瓶などにのせて型の側面をはずす。底板とオーブン用シートの間にパレットナイフなどを差し込み、底板をはずす。

ほかのチーズケーキでは最初にクリームチーズを混ぜますが、このレシピは途中でリコッタチーズを混ぜ込みます。

粉類の量が多いので大きなこし器を使います。

しっかり硬めのメレンゲにします。

ボウルの底からぐいっとすくい上げて、軽くふって生地を落とします。

ボウルを回しつつ、逆向きにゴムべらで生地をすくって、効率よく混ぜていきましょう。この混ぜ方だと仕上がりの食感がよくなります。

26 クレメダンジュ

食後のデザートなどにちょうどいい、フランス・アンジュ地方で
作られているお菓子。ほぼ混ぜるだけなのでとても簡単です。
お好みのくだもののソースをかけていただきましょう。

> **POINT**
> ◎ 丸型ではなくココットで作ります。
> ◎ ヨーグルトの水きりの作業は前日のうち
> に仕込んでおきましょう。

材料と下準備 　容量160mℓのココット3個分

プレーンヨーグルト（無糖）… 400g
> ▶ ボウルにざるを重ねてペーパータオルを敷き、
> ヨーグルトを入れてラップをし、冷蔵室でひと晩
> おいて水きりをする⒜。200gになればOK。た
> りない場合は落ちた水分を加えて調節する

ホイップクリーム
　　生クリーム（乳脂肪分45%）… 100g
　　グラニュー糖 … 15g

好みのくだもののソース（P58〜59）
　　… 適量

＊清潔なガーゼを25cm四方ほどに切り出し、ココ
ットに敷く⒝。

ヨーグルトから水分
を抜いて、硬めの食
感にします。濃厚な
味になります。

ガーゼは薬局など
で買うことができま
す。

作り方

1　ボウルにヨーグルトを入れ、ゴムべら
　　で混ぜて硬さを均一にする。

2　ホイップクリームを作る。別のボウル
　　に生クリームとグラニュー糖を入れ、
　　ボウルの底を氷水にあてながらハン
　　ドミキサーの高速で1分ほど泡立て
　　る。ヨーグルトと同じくらいの硬さに
　　なればOK⒞。

3　1のボウルに2のホイップクリームを3
　　回ほどに分けて加え、そのつど泡立
　　て器で大きく5回ほど混ぜる。最後
　　は片手でボウルを回しながら、ゴム
　　べらで底から大きくすくい返すにし
　　て全体を5回ほど混ぜる⒟。

4　ココットに3を等分に入れ、ガーゼを
　　持ち上げて軽くねじって倒し、ラップ
　　をかける⒠。冷蔵室で2時間以上冷
　　やし、食べるときに好みのくだものの
　　ソースを添える。

ちょっと気を抜くとすぐ
に硬くなりすぎるのでご
注意を。

なめらかな一体感が出
たらOK。

冷やして安定させます。
このままの状態で2日
ほど冷蔵保存が可能。

ケーキによく合う
くだもののソース

チーズケーキもチョコレートケーキも、
そのままでも十分においしいのですが、
くだもののソースをかけて食べると、
またグンとおいしくなります。

＊保存は冷蔵室でマンゴーソースは2〜3日、
ほかのソースは3〜4日が目安。

電子レンジで作れる簡単レシピ。
さまざまなケーキに合います。

ブルーベリーソース

よく合うケーキ
• 基本のベイクドチーズケーキ（P16）
• 基本のスフレチーズケーキ（P30）
• チョコレートのスフレチーズケーキ（P36）
• 基本のレアチーズケーキ（P40）
• クレメダンジュ（P56）など

材料 作りやすい分量

冷凍ブルーベリー … 80g
グラニュー糖 … 小さじ1
レモン果汁 … 小さじ1

作り方

耐熱ボウルにすべての材料を入
れる。ラップをせずに電子レンジ
で2分ほど加熱して混ぜ、様子を
見ながら同様にもう1回繰り返し
て、そのまま冷ます。

鍋に材料を入れて煮るだけ！
独特の甘酸っぱさでさっぱりします。

キウイソース

よく合うケーキ
• 基本のレアチーズケーキ（P40）
• クレメダンジュ（P56）など
※キウイ、ライム、ミントのレアチーズケーキ（P50）はデコレーションの代わりにこのソースを添えてもOK。

材料と下準備 作りやすい分量

キウイ … 1個
▶ みじん切りにする
グラニュー糖 … 20g
レモン果汁 … 小さじ1

作り方

小鍋にすべての材料を入れて
弱火で熱し、ひと煮立ちさせる。
耐熱ボウルに移して冷ます。

まろやかな甘さのソース。
南国のくだものを組み合わせました。

マンゴーソース

よく合うケーキ
- 基本のベイクドチーズケーキ（P16）
- 基本のレアチーズケーキ（P40）
- マーブルのレアチーズケーキ（P45）
- 基本のガトーショコラ（P62）
- 基本のケークオショコラ（P74）
- バナナとピーカンナッツの
  ケークオショコラ（P78）
- モワルーショコラ（P88）など

材料と下準備 作りやすい分量

A グラニュー糖 … 40g
はちみつ … 大さじ1/2
水 … 小さじ1と1/2

冷凍マンゴー … 50g
▶ 解凍して1cm角に切る

パイナップル … 50g
▶ 1cm角に切る

バナナ … 1/2本
▶ 1cm角に切る

レモン果汁 … 小さじ1

バジルの葉（好みで） … 2枚
▶ 粗みじん切りにする

作り方

小鍋に**A**を入れて中火で熱し、グラニュー糖が溶けてきたらマンゴーとパイナップルを加え、弱火にして混ぜる。バナナとレモン果汁を加えてひと煮立ちさせ、バジルの葉を加えて混ぜる。耐熱ボウルに移して冷ます。

あざやかな赤が
ケーキを華やかに演出します。

ラズベリーソース

よく合うケーキ
- 基本のベイクドチーズケーキ（P16）
- チョコレートとフリュイルージュの
  ベイクドチーズケーキ（P20）
- 基本のスフレチーズケーキ（P30）
- 基本のレアチーズケーキ（P40）
- クレメダンジュ（P56）
- 基本のガトーショコラ（P62）
- ラズベリーのガトーショコラ（P66）
- 基本のケークオショコラ（P74）など

材料 作りやすい分量

冷凍ラズベリー … 80g
グラニュー糖 … 小さじ2
レモン果汁 … 小さじ1

作り方

耐熱ボウルにすべての材料を入れる。ラップをせずに電子レンジで1分ほど加熱して混ぜ、様子を見ながら同様にあと2回繰り返し、そのまま冷ます。

CHOCOLATE CAKES

軽やかな食感、濃厚なチョコレートの風味

27 基本のガトーショコラ

日本で長いこと親しまれてきたチョコレートのケーキです。
チョコレートを混ぜた卵黄ベースの生地と、
卵白を泡立てたメレンゲを混ぜ合わせて焼きます。
残った生クリームは、ホイップクリームにして、
ケーキに添えていただくとよいでしょう。

START   GOAL

| 卵黄に砂糖や
チョコレートを混ぜる | → | 卵白を泡立てて
メレンゲを作る | → | 2つの生地を
混ぜ合わせる | → | 型に流し入れて焼く |

材料と下準備　直径15cm丸型（底取）1台分

卵黄 … 2個分（40g）

グラニュー糖 … 40g

塩 … ひとつまみ

A｜製菓用チョコレート（スイート）… 100g

　　▶ 粗く刻む

　｜生クリーム（乳脂肪分45%）… 50g

　｜バター（食塩不使用）… 40g

　　▶ 粗く刻む

　▶ 合わせて小さめのボウルに入れ、
　湯せんにかけて溶かす

B｜薄力粉 … 20g

　｜ココアパウダー … 20g

メレンゲ

　｜卵白 … 2個分（60g）

　　▶ ボウルに入れ、冷蔵室で冷やす

　｜グラニュー糖 … 40g

＊型にオーブン用シートを敷き、アルミホイ
ルで底を覆う。 →P5

＊オーブンはほどよいタイミングで180℃
に予熱する。

卵は、割った殻の左右
に卵黄を行き来させる
ことで、卵黄と卵白を
分けます。卵白はボウ
ルごと冷蔵室で冷やし、
卵黄はそのままおいて
おきます。

浅めの鍋で湯を約60℃
に温め、ボウルの底を
あてておきます。これを
「湯せん」と言います。少
し溶けてきたら泡立て
器で混ぜながら完全に
溶かしましょう。生地と
混ぜるまでは40℃以下
にならないよう、そのま
ま湯せんにかけておい
てください。

1 ボウルに卵黄を入れて泡立て器で軽くほぐし、グラニュー糖と塩を加えて完全になじむまですり混ぜる。少し白っぽくなり、もったりとしたらOK。

2 Aを加え、全体になじむまで混ぜる。

3 Bを万能こし器に入れてふるい入れ、粉けがなくなるまで混ぜる。

4 メレンゲを作る。卵白をハンドミキサーの高速で30秒ほど泡立てる。グラニュー糖を5回ほどに分けて加え、そのつど高速で20〜30秒泡立てる。すくうとつのがぴんと立つくらいになったらOK。

5 3のボウルに4のメレンゲの1/3量を加える。泡立て器で大きくすくい上げ、泡立て器の中に入った生地を中心に落とすようにして5〜6回混ぜる。ほぼ混ざったら残りのメレンゲを2回ほどに分けて加え、そのつど同様に混ぜる。最後は片手でボウルを回しながら、ゴムべらで底から大きくすくい返すようにして全体を5〜10回混ぜる。

6 型の側面のオーブン用シートに5を少量つけて留める。5を流し入れ、底を台に2〜3回打ちつけて表面をならし、予熱したオーブンで40分ほど焼く。

7 竹串を刺し、生地が軽くついてくる程度でできあがり。すぐにアルミホイルをはずし、瓶などにのせて型の側面をはずして、側面のオーブン用シートをはがす。網にのせて冷まし、手で底板をはずす。

NOTE

● 軽めのガトーショコラ。常温だとふわっとした食感、冷やすとガナッシュのようなしっとりとした食感になります。

● 薄力粉を15gにするとさらにしっとりとした食感に。

● カカオ分が60％以上のビターチョコレートで作ると、生地が少し硬くなります。

● 保存は冷ましてからラップで包み、常温（夏は冷蔵室）で4日ほどが目安です。

先に卵黄をほぐしてグラニュー糖と塩が混ざりやすくしておきます。

泡立て器はワイヤーに近い部分を持つと力が入り、混ぜやすくなります。最初の状態に比べ、ほんのり白っぽくなればOK。

このタイミングでAのボウルを湯せんからはずします。ボウルの底についた湯が生地に入らないように拭き取ってください。

粉はだま（かたまり）にならないように万能こし器などでふるいながら加えます。最後は手を差し入れ、完全にふるい落としましょう。

泡立て器はボウルの中でぐるぐる大きく円を描くようにして混ぜます。混ぜすぎると食感が悪くなるので注意。

ときどきボウルの側面についた生地をゴムべらでこそげます。

4

最初に加えるグラニュー糖はやや少なめにしてください。たくさん加えるとグラニュー糖の重みでメレンゲが泡立ちにくくなります。もう一方の生地が硬めなので、メレンゲも硬めに仕上げます。

5

できるだけメレンゲの泡をつぶさないようにする混ぜ方です。大きくすくい上げ、ワイヤーの中に入った生地をふるい落としましょう。これを繰り返します。

ゴムべらで混ぜるときは、片手でボウルを手前に回し、同時に「の」の字を描くイメージで生地を底からすくいます。均一に混ざればOK。

6

側面のオーブン用シートが動かないように合わせ目の上下2か所に生地をつけ、しっかりと留めておきます。

型の底を台に軽く打ちつけて生地の余分な空気を抜き、表面をならします。型を天板にのせ、オーブンに上下段がある場合は、下段で焼きましょう。

7

竹串にぼそっとした生地が多少ついてくるくらいでOK。とろっとした生地がつく場合は、追加で5分ずつ様子を見ながら焼きます。

軍手などをしてアルミホイルをはずし、熱いうちに型の側面をはずします。底板はつけたまま冷ましましょう。底板がはずれにくいときは底板とオーブン用シートの間にパレットナイフなどを差し込んで切り離します。

**残った生クリームで
ホイップクリームを作りましょう**

生クリームに6〜8%の砂糖を入れて泡立てるとホイップクリームができます。泡立て器で作ることもできますが、ハンドミキサーを使うと断然、楽です。ケーキといっしょに召し上がれ。

材料 作りやすい分量

生クリーム（乳脂肪分45%）
… 150g
グラニュー糖 … 10g

作り方

ボウルに生クリームとグラニュー糖を入れ、ボウルの底を氷水にあてながら@ハンドミキサーの高速で1分20秒〜1分30秒泡立てる。とろみが強くなり、すくうとぽってりと落ちるくらいになったらOK（八分立て）ⓑ。

冷やしながら混ぜるときめが整って、安定したクリームになります。

すぐに硬くなるので要注意。

28 オレンジピール

オレンジ風味のガトーショコラ。アーモンドダイスは、
生地の中に混ぜ込みつつ、表面にも散らして、
食感と見た目のアクセントにしています。

→P68

29 ラズベリー

チョコとベリーは定番の組み合わせ。
ベリーの酸味とチョコレートの苦みは相性抜群です。

→P68

30 ラムレーズン

チョコレートの苦みの中で、ラムレーズンの甘酸っぱさが際立ちます。
市販のものを使ってもOK。

→P68

31 ジンジャー

生クリームを使わない、さっぱりとした軽めの生地。
ジンジャーのピリッとした刺激が味を引き締めます。
表面がかさかさしていて壊れやすいので注意してください。
しょうがのコンフィの残ったシロップは、
炭酸水や湯で割って飲むとおいしいですよ。

→P69

28 オレンジピール

POINT
◎ **6**で生地の表面をならしたあとにアーモンドダイス10gを散らします。

材料と下準備 直径15cm丸型(底取)1台分

卵黄 … 2個分(40g)

グラニュー糖 … 40g

塩 … ひとつまみ

A ┌ 製菓用チョコレート(スイート)
　│ 　… 100g
　│ 　▶ 粗く刻む
　│ 生クリーム(乳脂肪分45%)… 50g
　│ バター(食塩不使用)… 40g
　└ 　▶ 粗く刻む
　▶ 合わせて小さめのボウルに入れ、湯せんにかけて溶かす

B ┌ 薄力粉 … 25g
　└ ココアパウダー … 20g

メレンゲ
　┌ 卵白 … 2個分(60g)
　│ 　▶ ボウルに入れ、冷蔵室で冷やす
　└ グラニュー糖 … 40g

C ┌ オレンジピール(ダイス状) … 50g
　│ グランマルニエ … 大さじ1
　│ 　▶ 合わせて30分以上おく
　│ アーモンドダイス(ロースト済み)
　└ 　… 15g

アーモンドダイス(ロースト済み) … 10g

＊型にオーブン用シートを敷き、アルミホイルで底を覆う。 →P5
＊オーブンはほどよいタイミングで180℃に予熱する。

[オレンジピール]
オレンジの皮を砂糖などに漬けたもの。「オレンジコンフィ」という名前で売っていることも。カットされていないものもあるので、その場合は5mm角ほどに刻んでください。

[グランマルニエ]
コニャックにオレンジの皮などを加えて熟成させたリキュール。オレンジを使ったお菓子によく合わせます。子ども用に作る場合は抜いてもOK。

29 ラズベリー

POINT
◎ トッピングのラズベリー10gは、**6**で焼き始めて30分ほどたってから生地にのせることで、沈まないようにしています。

材料と下準備 直径15cm丸型(底取)1台分

卵黄 … 2個分(40g)

グラニュー糖 … 40g

塩 … ひとつまみ

A ┌ 製菓用チョコレート(スイート)
　│ 　… 100g
　│ 　▶ 粗く刻む
　│ 生クリーム(乳脂肪分45%)… 50g
　│ バター(食塩不使用)… 40g
　└ 　▶ 粗く刻む
　▶ 合わせて小さめのボウルに入れ、湯せんにかけて溶かす

B ┌ 薄力粉 … 25g
　└ ココアパウダー … 20g

メレンゲ
　┌ 卵白 … 2個分(60g)
　│ 　▶ ボウルに入れ、冷蔵室で冷やす
　└ グラニュー糖 … 40g

C ┌ 冷凍ラズベリー … 35g
　│ 　▶ 手で3〜4等分に割り、薄力粉小さじ
　│ 　1/2を加えて軽く混ぜ@、使用する直前
　│ 　まで冷凍室に入れておく

冷凍ラズベリー … 10g
　▶ 手で半分に割りⓑ、使用する直前まで冷凍室に入れておく

＊型にオーブン用シートを敷き、アルミホイルで底を覆う。 →P5
＊オーブンはほどよいタイミングで180℃に予熱する。

凍っている間は手で割ることができます。薄力粉をまぶすのは水分が出すぎないようにするため。

トッピング用はやや大きめに割ります。のせるタイミングに注意しましょう。

30 ラムレーズン

POINT
◎ **C**のラムレーズンは前日から準備しておきましょう。
◎ **2**で**A**を加える前にラム酒小さじ1を加え混ぜます。
◎ **5**でラムレーズンを加えるときは、ラム酒ごと加えます。

材料と下準備 直径15cm丸型(底取)1台分

卵黄 … 2個分(40g)

グラニュー糖 … 40g

塩 … ひとつまみ

ラム酒 … 小さじ1

A ┌ 製菓用チョコレート(スイート)
　│ 　… 100g
　│ 　▶ 粗く刻む
　│ 生クリーム(乳脂肪分45%)… 50g
　│ バター(食塩不使用)… 40g
　└ 　▶ 粗く刻む
　▶ 合わせて小さめのボウルに入れ、湯せんにかけて溶かす

B ┌ 薄力粉 … 25g
　└ ココアパウダー … 20g

メレンゲ
　┌ 卵白 … 2個分(60g)
　│ 　▶ ボウルに入れ、冷蔵室で冷やす
　└ グラニュー糖 … 40g

C ┌ レーズン … 70g
　│ 　▶ 熱湯をかけ、ペーパータオルで
　│ 　水けを拭き取る
　└ ラム酒 … 大さじ2
　▶ 合わせてひと晩おく

＊型にオーブン用シートを敷き、アルミホイルで底を覆う。 →P5
＊オーブンはほどよいタイミングで180℃に予熱する。

31 ジンジャー

材料と下準備　直径15㎝丸型（底取）1台分

卵黄 … 2個分（40g）

グラニュー糖 … 20g

塩 … ひとつまみ

A ┌ 製菓用チョコレート（スイート）… 50g
　　▶ 粗く刻む
　　バター（食塩不使用）… 40g
　　▶ 粗く刻む
　└ ▶ 合わせて小さめのボウルに入れ、湯せんにかけて溶かす

B ┌ 薄力粉 … 50g

メレンゲ

　　卵白 … 2個分（60g）
　　▶ ボウルに入れ、冷蔵室で冷やす
　　グラニュー糖 … 40g

C ┌ しょうが … 60g
　　▶ せん切りにする
　　水 … 100g
　　グラニュー糖 … 100g
　　はちみつ … 大さじ1
　└ レモン果汁 … 大さじ1
　　▶ 小鍋に水、グラニュー糖、はちみつを入れて中火で熱し、煮立つ直前にしょうがを加え、弱火で10分ほど煮る。レモン果汁を加えてひと煮立ちさせ、耐熱ボウルに移して冷ます。フォークなどでしょうがの汁けを軽くきり、粗みじん切りにする⒜

＊型にオーブン用シートを敷き、アルミホイルで底を覆う。 →P5

＊オーブンはほどよいタイミングで180℃に予熱する。

くだものなどを糖分といっしょに煮たものを「コンフィ」と言います。大きめに切ると食感と辛みが強く出ます。残ったシロップは生地には加えませんが、ヨーグルトにかけたり、炭酸水（無糖）で割ったりしておいしくいただけます。

共通の作り方

1 ボウルに卵黄を入れて泡立て器で軽くほぐし、グラニュー糖と塩を加えて完全になじむまですり混ぜる。少し白っぽくなり、もったりとしたらOK。

2 **A**を加え、全体になじむまで混ぜる。

> **30 ラムレーズン**
> 先にラム酒小さじ1を加え、大きく4〜5回混ぜる。

3 **B**を万能こし器に入れてふるい入れ、粉けがなくなるまで混ぜる。

4 メレンゲを作る。卵白をハンドミキサーの高速で30秒ほど泡立てる。グラニュー糖を5回ほどに分けて加え、そのつど高速で20〜30秒泡立てる。すくうとつのがぴんと立つくらいになったらOK。

5 **3**のボウルに**4**のメレンゲの1/3量を加える。泡立て器で大きくすくい上げ、泡立て器の中に入った生地を中心に落とすようにして5〜6回混ぜる。ほぼ混ざったら残りのメレンゲを2回ほどに分けて加え、そのつど同様に混ぜる。最後に**C**を加え、片手でボウルを回しながら、ゴムべらで底から大きくすくい返すようにして全体を5〜10回混ぜる。

6 型の側面のオーブン用シートに**5**を少量つけて留める。**5**を流し入れ、底を台に2〜3回打ちつけて表面をならし、 予熱したオーブンで

> **28 オレンジピール**
> さらにアーモンドダイス10gを表面に散らす。

<u>40分ほど焼く。</u>

> **29 ラズベリー**
> 30分ほど焼き、半分に割ったラズベリー10gを表面に散らしてさらに20分ほど焼く。
> **31 ジンジャー**
> 30分ほど焼く。

7 竹串を刺し、生地が軽くついてくる程度でできあがり。すぐにアルミホイルをはずし、瓶などにのせて型の側面をはずして、側面のオーブン用シートをはがす。網にのせて冷まし、手で底板をはずす。

32 レモン

ありそうでなかった組み合わせ！ チョコレートの苦みと
レモンの酸味のバランスがよく、軽やかな仕上がりです。
レモンの酸味が際立つよう、やさしい味わいのミルクチョコレートを合わせました。
ミルクチョコレートは油脂分が多いので、グラニュー糖とバターの量を減らしています。

材料と下準備 直径15cm丸型(底取)1台分

卵黄 … 2個分（40g）

グラニュー糖 … 30g

塩 … ひとつまみ

レモンの皮 … 1個分
▶ すりおろす

レモン果汁 … 大さじ1

A ┌ 製菓用チョコレート（ミルク）… 100g
│   ▶ 粗く刻む
│ 生クリーム（乳脂肪分45%）… 50g
│ バター（食塩不使用）… 30g
└   ▶ 粗く刻む
▶ 合わせて小さめのボウルに入れ、湯せんにかけて溶かす

B ┌ 薄力粉 … 25g
└ ココアパウダー … 20g

メレンゲ
┌ 卵白 … 2個分（60g）
│   ▶ ボウルに入れ、冷蔵室で冷やす
└ グラニュー糖 … 40g

アイシング
┌ 粉砂糖 … 45g
└ レモン果汁 … 小さじ1と1/2

＊型にオーブン用シートを敷き、アルミホイルで底を覆う。 → P5

＊オーブンはほどよいタイミングで180℃に予熱する。

作り方

1 ボウルに卵黄を入れて泡立て器で軽くほぐし、グラニュー糖と塩を加えて完全になじむまですり混ぜる。少し白っぽくなり、もったりとしたらOK。

2 レモンの皮とレモン果汁を加え、大きく4〜5回混ぜる。**A**を加え、全体になじむまで混ぜる。

3 **B**を万能こし器に入れてふるい入れ、粉けがなくなるまで混ぜる。

4 メレンゲを作る。卵白をハンドミキサーの高速で30秒ほど泡立てる。グラニュー糖を5回ほどに分けて加え、そのつど高速で20〜30秒泡立てる。すくうとつのがぴんと立つくらいになったらOK。

5 **3**のボウルに**4**のメレンゲの1/3量を加える。泡立て器で大きくすくい上げ、泡立て器の中に入った生地を中心に落とすようにして5〜6回混ぜる。ほぼ混ざったら残りのメレンゲを2回ほどに分けて加え、そのつど同様に混ぜる。最後は片手でボウルを回しながら、ゴムべらで底から大きくすくい返すようにして全体を5〜10回混ぜる。

6 型の側面のオーブン用シートに**5**を少量つけて留める。**5**を流し入れ、底を台に2〜3回打ちつけて表面をならし、予熱したオーブンで40分ほど焼く。

7 竹串を刺し、生地が軽くついてくる程度でできあがり。すぐにアルミホイルをはずし、瓶などにのせて型の側面をはずして、側面のオーブン用シートをはがす。網にのせて冷まし、手で底板をはずす。

8 アイシングを作る。ボウルに万能こし器で粉砂糖をふるい入れ、レモン果汁を少しずつ加えながらスプーンなどでよく混ぜる。持ち上げるとゆっくりと落ち、落ちたあとが5〜6秒でなくなるくらいの硬さにする ⓐ。

9 **7**が冷めたらスプーンなどで**8**のアイシングをトップにかけ ⓑ、そのまま10分ほどおいて乾かす。

混ぜるうちに粘度が出てきます。初めに粉砂糖をふるっておくとだまになりにくいです。

思いきりよくかけてください。表面が乾燥し、触ってみても手につかなくなればOK。

33 スパイス

チョコレートとスパイスは相性抜群。
ガトーショコラもさっぱりとして深みのある味に仕上がります。
スパイスは1〜2種類でもOK。
好みのスパイスを合わせても、おいしくできることでしょう。

POINT

◎ ココアパウダーは使いません。代わりにスパイスの
パウダー類を薄力粉といっしょにふるって混ぜてお
きます。

材料と下準備　直径15cm丸型（底取）1台分

卵黄 … 2個分 (40g)

きび砂糖 … 40g

塩 … ひとつまみ

A ┌ 製菓用チョコレート（スイート）… 100g
　　　▶粗く刻む
　│ 生クリーム（乳脂肪分45%）… 50g
　│ バター（食塩不使用）… 40g
　└　　▶粗く刻む
　▶合わせて小さめのボウルに入れ、湯せんにかけて溶かす

B ┌ 薄力粉 … 40g
　│ シナモンパウダー … 小さじ1と1/2
　│ ナツメグパウダー … 小さじ1/4
　│ クローブパウダー … 小さじ1/8
　└ ピンクペッパー … 小さじ1/2
　▶薄力粉、シナモンパウダー、ナツメグパウダー、クローブ
　パウダーを合わせてふるい、ピンクペッパーを指で軽くつぶ
　しながら加える ⓐ

メレンゲ

　卵白 … 2個分 (60g)
　　　▶ボウルに入れ、冷蔵室で冷やす
　└ きび砂糖 … 40g

＊型にオーブン用シートを敷き、アルミホイルで底を覆う。　→P5

＊オーブンはほどよいタイミングで180℃に予熱する。

ⓐ ピンクペッパーは細
かくつぶしても万能こ
し器の網の目を通ら
ないので、あとから
加えてざっと混ぜて
おきます。

作り方

1　ボウルに卵黄を入れて泡立て器で軽くほぐし、
きび砂糖と塩を加えて完全になじむまですり混
ぜる。少し白っぽくなり、もったりとしたらOK。

2　**A**を加え、全体になじむまで混ぜる。

3　**B**を加え、粉けがなくなるまで混ぜる。

4　メレンゲを作る。卵白をハンドミキサーの高速
で30秒ほど泡立てる。きび砂糖を5回ほどに
分けて加え、そのつど高速で20〜30秒泡立
てる。すくうとつのがぴんと立つくらいになった
らOK。

5　**3**のボウルに**4**のメレンゲの1/3量を加える。
泡立て器で大きくすくい上げ、泡立て器の中に
入った生地を中心に落とすようにして5〜6回
混ぜる。ほぼ混ざったら残りのメレンゲを2回
ほどに分けて加え、そのつど同様に混ぜる。最
後は片手でボウルを回しながら、ゴムべらで底
から大きくすくい返すようにして全体を5〜10
回混ぜる。

6　型の側面のオーブン用シートに**5**を少量つけ
て留める。**5**を流し入れ、底を台に2〜3回打
ちつけて表面をならし、予熱したオーブンで
30分ほど焼く。

7　竹串を刺し、生地が軽くついてくる程度ででき
あがり。すぐにアルミホイルをはずし、瓶などに
のせて型の側面をはずして、側面のオーブン用
シートをはがす。網にのせて冷まし、手で底板
をはずす。

GÂTEAU AU CHOCOLAT

[シナモンパウダー]
スリランカ特産のクスノキ
科の植物の樹皮をはいで
乾燥させ、粉末にしたも
の。エキゾチックで上品な
香りと甘みが楽しめます。

[ナツメグパウダー]
刺激的な甘い香りとほろ
苦さが特徴のスパイス。焼
き菓子の風味づけのほか、
肉料理やホワイトソースな
どに使われます。入れすぎ
ると中毒症状を起こすこと
もあるので要注意。

[クローブパウダー]
別名は丁子。香りが強く、
さわやかな風味があります。
肉料理やピクルス、焼きり
んごなどと相性がよいです。

[ピンクペッパー]
コショウボクの実を乾燥さ
せたもので、かわいいピン
ク色と、すっきりとした香り
が特徴です。一般的なこ
しょうとは別の種類。

素材の風味が濃厚でしっとりおいしい!

34 基本のケークオショコラ

パウンドケーキの生地をベースとした

チョコレートのケーキです。

たっぷりのバター、卵、砂糖、粉がほぼ同量で入るのが特徴で、

チョコレートは生クリームに溶かしてガナッシュにしてから生地に混ぜ込んだり、

細かく刻んだものを混ぜ込んだり、ココアパウダーを加えたりします。

START   GOAL

| ガナッシュを作る | → | バターをやわらかくし、
その他の材料を混ぜていく | → | ガナッシュを
加え混ぜる | → | 型に流し入れて焼く |

材料と下準備 直径15cm丸型（底取）1台分

ガナッシュ

製菓用チョコレート（スイート）… 50g
　　▶ 細かく刻む
生クリーム（乳脂肪分45%）… 50g

バター（食塩不使用）… 100g
　▶ 常温にもどす ⓐ

グラニュー糖 … 110g

塩 … ひとつまみ

全卵 … 2個分（100g）
　▶ 常温にもどし、フォークで溶きほぐす ⓑ

A ┌ 薄力粉 … 80g
　│ ココアパウダー … 20g
　└ ベーキングパウダー … 小さじ1/4

＊型にオーブン用シートを敷き、アルミホイルで底を覆う。 →P5
＊オーブンはほどよいタイミングで180℃に予熱する。

指で押すとすっと入るくらいまでやわらかくします。ここがとても大切。

冷たいと生地に混ざりにくいので常温にもどします。混ぜるときはフォークなどで卵白を切るようにしましょう。

1 ガナッシュを作る。耐熱ボウルに生クリームを入れ、ラップをせずに電子レンジで煮立つ直前になるまで40秒ほど加熱する。チョコレートを加え、10秒ほどおいてからスプーンなどで混ぜる。チョコレートが完全に溶け、なめらかになったら人肌になるまで冷ます。

2 ボウルにバターを入れ、ゴムべらで混ぜて硬さを均一にする。

3 グラニュー糖と塩を加え、完全になじむまですり混ぜる。

4 ハンドミキサーの高速で全体にしっかりと空気を含ませるようにしながら2分ほど混ぜる。

5 卵を10回ほどに分けて加え、そのつどハンドミキサーの高速で30秒〜1分混ぜる。

6 **A**を万能こし器に入れてふるい入れ、片手でボウルを回しながら、ゴムべらで底から大きくすくい返すようにして全体を15〜20回混ぜる。粉けが少し残るくらいでOK。

7 **1**のガナッシュを3回ほどに分けて加え、そのつど同様に8〜10回混ぜる。表面につやが出たらOK。

生クリームを温めたらすぐにチョコレートを加え、少しなじませてからしっかりと混ぜて溶かします。熱いまま生地に加えると分離の原因になるので人肌に冷ましましょう。

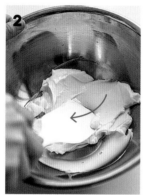

バターのかたまりが残らないよう、全体を混ぜてなめらかなクリーム状にします。

グラニュー糖と塩が全体になじむよう、ボウルの奥から手前に向かって押さえつけるようにしながらしっかりと混ぜます。

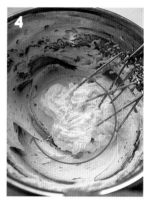

ハンドミキサーをボウルの中で大きく回しながら、全体が白っぽくなるまで混ぜます。混ぜ終わったらゴムべらで側面についた生地を落としてまとめましょう。

分離しやすいので卵は10回ほどに分けて加え、そのつど完全になじむまでしっかりと混ぜます。

粉はだま（かたまり）にならないように万能こし器などでふるいながら加えます。最後は手を差し入れ、完全にふるい落としましょう。

混ぜるときは、まずはゴムべらで生地の中央を切るようにしてから、片手でボウルを手前に回し、同時に「の」の字を描くイメージで生地を底からすくうようにします。

8 型の側面のオーブン用シートに**7**を少量つけて留める。**7**を入れ、底を台に2〜3回打ちつけてからゴムべらでやさしく表面をならす。予熱したオーブンで40〜50分焼く。

9 竹串を刺してもなにもついてこなければできあがり。すぐにアルミホイルをはずし、瓶などにのせて型の側面をはずして、側面のオーブン用シートをはがす。網にのせて冷まし、手で底板をはずす。

N O T E

● いわゆる「パウンドケーキ」の作り方なので、このレシピをマスターすれば、さまざまなパウンドケーキのレシピも上手に作れることでしょう。

● 保存は冷ましてからラップで包み、常温で1週間ほどが目安です。「バナナとピーカンナッツ」（P78）、「バナナと黒こしょう」（P82）、「グレープフルーツ」（P84）はいたみやすいので冷蔵室で4〜5日が目安。

7 生地になじみやすいように3回ほどに分けて加えます。このときも「の」の字を描くイメージで生地を底からすくい返すように混ぜましょう。ボウルの側面やゴムべらについた生地もきれいに落として混ぜます。

8 側面のオーブン用シートが動かないように合わせ目の上下2か所に生地をつけ、しっかりと留めておきます。

型の底を台に軽く打ちつけて生地の余分な空気を抜き、さらにゴムべらで軽くたたくようにして表面をならします。

8 型を天板にのせ、オーブンに上下段がある場合は、下段で焼きましょう。

9 竹串にゆるい生地がついてきた場合は、追加で5分ずつ様子を見ながら焼きます。

軍手などをしてアルミホイルをはずし、熱いうちに型の側面をはずします。

底板はつけたまま冷まします。底板がはずれにくいときは、底板とオーブン用シートの間にパレットナイフなどを差し込んで切り離すとよいでしょう。

CAKE AU CHOCOLAT

→P80

35 バナナとピーカンナッツ

チョコレートとバナナの絶対においしい組み合わせ。
トッピングのバナナは大胆に大きく切ります。
バナナはいたみやすいので、食べないぶんはラップで包み、
冷蔵室で保存しましょう。4〜5日は大丈夫です。

36 フォレノワール風

フォレノワールはチェリーと
チョコレートで作る伝統的なケーキ。
フランス語では「黒い森」という意味です。
チョコレートの中に潜む甘酸っぱい
チェリーがたまらないおいしさです。

→P80

37 フィグ

いちじくには大人っぽい風味づけがよく合います。
焼き上がった生地にブランデーをしみ込ませて、
豊かな香りをまとわせました。
食感も少しやわらかくなって、
いちじくとの一体感が増します。
アクセントに粗く刻んだナッツを
加えてもよいでしょう。

→P80

35 バナナと
ピーカンナッツ

> **POINT**
> ◎ **4**でラム酒を加えて、風味をつけています。
> ◎ **8**で焼く前に**C**（トッピングのバナナとピーカンナッツ）をのせます。
> ◎ フィリングが多く、水分もやや多いので、**8**の焼き時間はほかの生地より10分ほど長くなります。

材料と下準備

直径15cm丸型（底取）1台分

ガナッシュ
　製菓用チョコレート（スイート）
　　… 50g
　　▶ 細かく刻む
　生クリーム（乳脂肪分45%）… 50g

バター（食塩不使用）… 100g
　▶ 常温にもどす

グラニュー糖 … 110g

塩 … ひとつまみ

ラム酒 … 小さじ1

全卵 … 2個分（100g）
　▶ 常温にもどし、フォークで溶きほぐす

A┌ 薄力粉 … 80g
　│ ココアパウダー … 20g
　│ ベーキングパウダー
　└　… 小さじ1/4

B┌ バナナ … 70g
　│　▶ 厚さ1cmの半月切りにする
　│ ピーカンナッツ（ロースト済み）
　│　… 25g
　└　▶ 粗く割る

C┌ バナナ … 1本
　│　▶ 縦半分に切ってから長さを
　│　　3等分に切る
　│ ピーカンナッツ（ロースト済み）
　└　… 10g

＊型にオーブン用シートを敷き、アルミホイルで底を覆う。 →P5
＊オーブンはほどよいタイミングで180℃に予熱する。

---

36 フォレノワール風

> **POINT**
> ◎ **9**で生地が焼き上がったら、トッピングを用意します。なくてもおいしいのですが、あると華やかで、よりおいしくなります。

材料と下準備

直径15cm丸型（底取）1台分

ガナッシュ
　製菓用チョコレート（スイート）… 50g
　　▶ 細かく刻む
　生クリーム（乳脂肪分45%）… 50g

バター（食塩不使用）… 100g
　▶ 常温にもどす

グラニュー糖 … 110g

塩 … ひとつまみ

全卵 … 2個分（100g）
　▶ 常温にもどし、フォークで溶きほぐす

A┌ 薄力粉 … 60g
　│ アーモンドパウダー … 20g
　│ ココアパウダー … 20g
　│ ベーキングパウダー
　└　… 小さじ1/4

B┌ ダークチェリー（缶詰）… 100g
　│　▶ シロップを軽くきり、半分に切る
　│ ダークチェリーのシロップ
　│　… 小さじ1
　└ キルシュ … 小さじ2
　▶ 合わせて3時間～ひと晩おき、汁けをきる

ホイップクリーム
　生クリーム（乳脂肪分45%）… 150g
　グラニュー糖 … 10g

ダークチェリー（缶詰）… 適量
　▶ シロップを軽くきり、好みで半分に切る

板チョコレート（ブラック）… 1枚（50g）
　▶ 裏面を上にし、スプーンなどで削る ⓐ

＊型にオーブン用シートを敷き、アルミホイルで底を覆う。 →P5
＊オーブンはほどよいタイミングで180℃に予熱する。

これを「コポー」と言います。フランス語で「木くず」の意味。ケーキのトッピングなどに使います。

［ダークチェリー（缶詰）］
紫さくらんぼの種を除き、シロップに漬けたもの。実が大きくて酸味と甘みのバランスがよく、チョコレートとよく合います。

---

37 フィグ

> **POINT**
> ◎ **B**は前日に仕込んでおくとよいでしょう。
> ◎ **9**で生地が焼き上がったら、表面にブランデーを塗り、ラップで包みます。

材料と下準備

直径15cm丸型（底取）1台分

ガナッシュ
　製菓用チョコレート（スイート）
　　… 50g
　　▶ 細かく刻む
　生クリーム（乳脂肪分45%）… 50g

バター（食塩不使用）… 100g
　▶ 常温にもどす

グラニュー糖 … 110g

塩 … ひとつまみ

全卵 … 2個分（100g）
　▶ 常温にもどし、フォークで溶きほぐす

A┌ 薄力粉 … 80g
　│ ココアパウダー … 20g
　│ ベーキングパウダー
　└　… 小さじ1/4

B┌ ドライいちじく … 90g
　│　▶ 耐熱ボウルに入れてかぶるくらい
　│　　の熱湯を注ぎ、5分ほどおいて表
　│　　面をふやかす。ペーパータオルで
　│　　水けを拭き取り、2cm角に切る
　└ ブランデー … 大さじ2 ┐
　▶ 合わせて3時間～ひと晩おく　　│
ブランデー … 20g ─────────┘

ラム酒でもOK。子ども用に酒類を抜きたい場合は使わなくてもいいです。

＊型にオーブン用シートを敷き、アルミホイルで底を覆う。 →P5
＊オーブンはほどよいタイミングで180℃に予熱する。

共通の作り方

1 ガナッシュを作る。耐熱ボウルに生クリームを入れ、ラップをせずに電子レンジで煮立つ直前になるまで40秒ほど加熱する。チョコレートを加え、10秒ほどおいてからスプーンなどで混ぜる。チョコレートが完全に溶け、なめらかになったら人肌になるまで冷ます。

2 ボウルにバターを入れ、ゴムべらで混ぜて硬さを均一にする。

3 グラニュー糖と塩を加え、完全になじむまですり混ぜる。

4 ハンドミキサーの高速で全体にしっかりと空気を含ませるようにしながら2分ほど混ぜる。

> **35 バナナとピーカンナッツ**
> さらにラム酒を加え、高速で5秒ほど混ぜる。

5 卵を10回ほどに分けて加え、そのつどハンドミキサーの高速で30秒〜1分混ぜる。

6 **A**を万能こし器に入れてふるい入れ、片手でボウルを回しながら、ゴムべらで底から大きくすくい返すようにして全体を15〜20回混ぜる。粉けが少し残るくらいでOK。

7 **1**のガナッシュを3回ほどに分けて加え、そのつど同様に8〜10回混ぜる。表面につやが出たら**B**を加え、大きく5回ほど混ぜる。

8 型の側面のオーブン用シートに**7**を少量つけて留める。**7**を入れ、底を台に2〜3回打ちつけてからゴムべらでやさしく表面をならす。

> **35 バナナとピーカンナッツ** さらに**C**を表面にのせる。

予熱したオーブンで<u>60分ほど焼く。</u>

> **35 バナナとピーカンナッツ** 70分ほど焼く。

9 竹串を刺してもなにもついてこなければできあがり。すぐにアルミホイルをはずし、瓶などにのせて型の側面をはずして、側面のオーブン用シートをはがす。<u>網にのせて冷まし、手で底板をはずす。</u>

> **36 フォレノワール風**
> 10 ホイップクリームを作る。ボウルに生クリームとグラニュー糖を入れ、ボウルの底を氷水にあてながらハンドミキサーの高速で1分20秒〜1分30秒泡立てる。とろみが強くなり、すくうとぼってりと落ちるくらいになったらOK（八分立て）。
> 11 **9**を食べやすい大きさに切り分けて器に盛り、ダークチェリーを飾る。**10**のホイップクリームを添え、削った板チョコレートを散らす。

---

37 フィグ

網にのせ、熱いうちに底板をはずし、はけでブランデー20gをトップと側面に塗る⒝。すぐにラップでぴったりと包み、網にのせて冷ます⒞。

◀焼き上がった生地にお酒やシロップを塗ることを「アンビベ」と言います。風味がグンとよくなって、味に奥行きが出ます。

◀アンビベした生地はすぐにラップで包むことによって、よりしっとりとした仕上がりになります。

38 コーヒーとヘーゼルナッツ

ガナッシュではなく、細かく刻んだチョコレートを混ぜ込みます。
相性のよいコーヒーとラム酒に、ヘーゼルナッツを食感のアクセントに。
コーヒーは2回に分けて加えることで、より濃厚に風味を出します。

39 バナナと黒こしょう

バナナに黒こしょうを合わせた変わり種。これが意外と合うんです。
ピリッとしたこしょうの辛みがバナナの甘みをよく引き出してくれます。
バナナは少し黒くなった、よく熟したものがおすすめ。

38 コーヒーとヘーゼルナッツ

POINT ◎ 9で生地が焼き上がったら、表面にラム酒を塗り、ラップで包みます。「フィグ」(P79)と同様の「アンビベ」です。

材料と下準備 直径15cm丸型(底取)1台分

バター (食塩不使用) … 105g
▶ 常温にもどす
グラニュー糖 … 105g
塩 … ひとつまみ
全卵 … 2個分 (100g)
▶ 常温にもどし、フォークで溶きほぐす
A┌ インスタントコーヒー (顆粒) … 大さじ2
　└ ラム酒 … 小さじ2 ── 子どもに食べさせる場合は同量の湯で代用可能です。
▶ 溶き混ぜる
B┌ 薄力粉 … 90g
　│ アーモンドパウダー … 15g
　└ ベーキングパウダー … 小さじ1/4
▶ 合わせてふるう
C┌ 製菓用チョコレート (ビター) … 40g
　│　▶ 8mm角に切る
　│ ヘーゼルナッツ (ロースト済み) … 25g ── くるみやアーモンドなど、同量の好みのナッツで代用可。
　│　▶ 2〜4等分に刻む
　└ インスタントコーヒー (顆粒) … 小さじ1
D┌ ヘーゼルナッツ (ロースト済み) … 10g
　└　▶ 2〜4等分に刻む
ラム酒 … 大さじ1 ── 子どもに食べさせる場合はなくてもOK。

39 バナナと黒こしょう

POINT ◎ 5で少し長めに混ぜます。

材料と下準備 直径15cm丸型(底取)1台分

バター (食塩不使用) … 105g
▶ 常温にもどす
グラニュー糖 … 95g
塩 … ひとつまみ
全卵 … 2個分 (100g)
▶ 常温にもどし、フォークで溶きほぐす
A┌ バナナ … 50g
　└　▶ フォークの背でつぶしてピュレ状にする ⓐ
B┌ 薄力粉 … 105g
　│ ベーキングパウダー … 小さじ1/4
　└ 粗びき黒こしょう … 小さじ1
▶ 薄力粉とベーキングパウダーを合わせてふるい、粗びき黒こしょうを加える
C┌ バナナ … 60g
　│　▶ 1cm角に切る
　│ 製菓用チョコレート (ビター) … 30g
　└　▶ 8mm角に切る
D┌ バナナ … 40g
　│　▶ 厚さ1cmの輪切りにする
　└ 粗びき黒こしょう … 小さじ1/4

ⓐ

細かくつぶし、生地と一体化させて、風味を全体に行き渡らせます。

共通の下準備と作り方

＊型にオーブン用シートを敷き、アルミホイルで底を覆う。 [→P5]
＊オーブンはほどよいタイミングで180℃に予熱する。

1 ボウルにバターを入れ、ゴムべらで混ぜて硬さを均一にする。

2 グラニュー糖と塩を加え、完全になじむまですり混ぜる。

3 ハンドミキサーの高速で全体にしっかりと空気を含ませるようにしながら2分ほど混ぜる。

4 卵を10回ほどに分けて加え、そのつどハンドミキサーの高速で30秒〜1分混ぜる。

5 **A** を加え、さらに高速で5秒ほど混ぜる。

　　39 バナナと黒こしょう 10秒ほど混ぜる。

6 **B** を加え、片手でボウルを回しながら、ゴムべらで底から大きくすくい返すようにして全体を15回ほど混ぜる。粉けが少し残るくらいでOK。

7 **C** を加え、同様に10回ほど混ぜる。表面につやが出たらOK。

8 型の側面のオーブン用シートに**7**を少量つけて留める。**7**を入れ、底を台に2〜3回打ちつけてからゴムべらでやさしく表面をならす。**D**を散らし、予熱したオーブンで50分ほど焼く。

9 竹串を刺してもなにもついてこなければできあがり。すぐにアルミホイルをはずし、瓶などにのせて型の側面をはずして、側面のオーブン用シートをはがす。網にのせて冷まし、手で底板をはずす。

> **38 コーヒーとヘーゼルナッツ**
> 網にのせ、熱いうちに底板をはずし、はけでラム酒大さじ1をトップと側面に塗る。すぐにラップでぴったりと包み、網にのせて冷ます。

40 グレープフルーツ

フレッシュなくだものをそのまま焼き込むことで、
ジャムとは違ったぜいたくな果実感が楽しめます。果汁がしみた生地も美味。
グレープフルーツの苦みとミルクチョコレートのやさしい甘みのコンビネーションがたまりません。
生地が硬くならない程度に少し冷やして食べるのもおすすめ。
保存はラップで包んで冷蔵室へ。4〜5日が目安です。

材料と下準備 　直径15cm丸型（底取）1台分

バター（食塩不使用）… 105g
▶ 常温にもどす

グラニュー糖 … 105g

ピンクグレープフルーツの皮 … 1個分
▶ すりおろす ⓐ

全卵 … 2個分 (100g)
▶ 常温にもどし、フォークで溶きほぐす

A ┌ 薄力粉 … 105g
　└ ベーキングパウダー … 小さじ1/4

製菓用チョコレート（ミルク）… 50g
▶ 8mm角に切る

ピンクグレープフルーツ … 1個 (果肉150g)
▶ 上下を薄く切り落とし、皮を薄皮ごと縦に切り落とす ⓑ。薄皮と果肉の間に包丁を入れて1房ずつ果肉を取り出し ⓒ、長さを半分に切ってペーパータオルにのせ、汁けをきる ⓓ

＊型にオーブン用シートを敷き、アルミホイルで底を覆う。→P5

＊オーブンはほどよいタイミングで180℃に予熱する。

作り方

1 ボウルにバターを入れ、ゴムべらで混ぜて硬さを均一にする。

2 グラニュー糖とグレープフルーツの皮を加え、完全になじむまですり混ぜる。

3 ハンドミキサーの高速で全体にしっかりと空気を含ませるようにしながら2分ほど混ぜる。

4 卵を10回ほどに分けて加え、そのつどハンドミキサーの高速で30秒〜1分混ぜる。

5 **A**を万能こし器に入れてふるい入れ、さらにチョコレートを加え、片手でボウルを回しながら、ゴムべらで底から大きくすくい返すようにして全体を20回ほど混ぜる。粉けがなくなり、表面につやが出たらOK。

6 型の側面のオーブン用シートに**5**を少量つけて留める。**5**の1/2量を入れ、グレープフルーツの果肉の1/2量を並べる ⓔ。残りの**5**を入れてゴムべらでやさしく表面をならし ⓕ、残りのグレープフルーツの果肉をのせる ⓖ。予熱したオーブンで65分ほど焼く。

7 竹串を刺してもなにもついてこなければできあがり。すぐにアルミホイルをはずし、瓶などにのせて型の側面をはずして、側面のオーブン用シートをはがす。網にのせて冷まし、手で底板をはずす。

おろし金などでもよいのですが、写真のようなグレーターがあると便利です。

この切り方を製菓用語で「カルチェ」と言います。効率よくきれいに果肉を取り出せる方法です。

余計な水分があると生地がゆるくなってうまく焼けないので、ここで吸い取ります。

生地→果肉→生地→果肉の順に重ねていきます。

41 チョコレートのマーブル

プレーンな生地を作って、一部をチョコレート味にすることで、
きれいなマーブル模様のケーキになります。
薄力粉の一部をアーモンドパウダーに置き換えて、しっとりとした食感に仕上げました。
お好みですりおろしたオレンジの皮1/2個分をグラニュー糖と
いっしょに加えると、さわやかになります。

材料と下準備　直径15cm丸型(底取)1台分

バター(食塩不使用) … 105g
　▶ 常温にもどす
グラニュー糖 … 100g
塩 … ひとつまみ
全卵 … 2個分(100g)
　▶ 常温にもどし、フォークで溶きほぐす

A ┌ 薄力粉 … 75g
　　│ アーモンドパウダー … 30g
　　└ ベーキングパウダー … 小さじ1/2

ココアパウダー … 10g
牛乳 … 小さじ1

＊型にオーブン用シートを敷き、アルミホイルで底を覆う。(→P5)
＊オーブンはほどよいタイミングで180℃に予熱する。

作り方

1 ボウルにバターを入れ、ゴムべらで混ぜて硬さを均一にする。

2 グラニュー糖と塩を加え、完全になじむまですり混ぜる。

3 ハンドミキサーの高速で全体にしっかりと空気を含ませるようにしながら2分ほど混ぜる。

4 卵を10回ほどに分けて加え、そのつどハンドミキサーの高速で30秒〜1分混ぜる。

5 **A**を万能こし器に入れてふるい入れ、片手でボウルを回しながら、ゴムべらで底から大きくすくい返すようにして全体を20回ほど混ぜる。粉けがなくなり、表面につやが出たらOK。

6 別のボウルに140gを取り分け（a）、ココアパウダーを茶こしに入れてふるい入れ（b）、ゴムべらで底から大きくすくい返すようにして全体を5回ほど混ぜる。牛乳を加え、同様に5回ほど混ぜてなじませる（c）。

7 型の側面のオーブン用シートに**5**を少量つけて留める。**5**と**6**をそれぞれ5〜6回に分けて交互に入れ（d）、底を台に2〜3回打ちつけて表面をならす。スプーンなどで小さな円を描くようにして、できるだけばらばらに5回ほど混ぜ（e）、予熱したオーブンで40分ほど焼く。

8 竹串を刺してもなにもついてこなければできあがり。すぐにアルミホイルをはずし、瓶などにのせて型の側面をはずして、側面のオーブン用シートをはがす。網にのせて冷まし、手で底板をはずす。

別のボウルをはかりにのせて、計量しながら移していきます。

少量の粉類をふるうときは茶こしが便利。だまになりにくくします。

5ですでに混ぜているので、あまり混ぜすぎないように注意して。全体がなじめばOK。

それぞれ5〜6等分にしたかたまりを交互に入れていきます。最後は型の底を軽く打ちつけて、すきまをなくします。

混ぜすぎるときれいなマーブル模様にならないので注意しましょう。

CAKE AU CHOCOLAT

42 モワルーショコラ

焼きたてはとろけるフォンダンショコラ、冷めると濃厚なガナッシュのようになる、フランスの定番菓子です。
プレゼントにもぴったり。冷めたあとでも、電子レンジで10秒ほど加熱すれば、焼きたての食感がよみがえります。

POINT

◎ ココットで作りましたが、直径15cm丸型でもOK。ほかのレシピと同様に型の準備（P5）をして、焼けたら型ごと網の上で冷まします。

◎ 保存は冷ましてからラップをし、冷蔵室で3日ほどが目安です。

材料と下準備　容量180mlのココット2個分

全卵 … 1個分（50g）
　▶ 常温にもどす
グラニュー糖 … 35g
A┌ 製菓用チョコレート（ビター） … 50g
　│ 　▶ 粗く刻む
　│ バター（食塩不使用） … 65g
　└ 　▶ 粗く刻む
　▶ 合わせて小さめのボウルに入れ、
　湯せんにかけて溶かし@、ざっと混ぜる
薄力粉 … 15g

＊オーブンはほどよいタイミングで190℃に予熱する。

バターはチョコレートといっしょなので、電子レンジではなく、湯せんで溶かします。湯せんの湯の温度は約60℃が目安です。

作り方

1 ボウルに卵とグラニュー糖を入れ、ハンドミキサーでスイッチを入れずに軽く混ぜてから⒝高速で30秒ほど混ぜる。

2 Aを加え、全体になじむまで泡立て器で混ぜる。

3 薄力粉を茶こしに入れてふるい入れ、粉けがなくなるまで混ぜる⒞。

4 ココットに3を等分に流し入れ、予熱したオーブンで7〜10分焼く。

5 表面が乾燥し、竹串を刺して少しゆるめの生地が軽くついてくる程度でできあがり⒟。

最初からスイッチを入れて混ぜるとグラニュー糖が飛び散ってしまいます。

粉の量が少ないのでそんなに神経質になる必要はありませんが、混ぜすぎないよう注意してください。

焼きすぎるとただのチョコレートケーキになってしまいます。中は火が通りつつも、やわらかな状態を目指してください。

43 テリーヌショコラ

混ぜて冷やすだけで、簡単に作れるテリーヌショコラは、
そのまま食べてもおいしいですし、ワインや焼酎などのお酒にもぴったり。
チョコレートの味をダイレクトに味わえる、濃厚でなめらかな舌触りは、このお菓子ならではです。
はちみつ＋粗びき黒こしょう、または塩をつけつつ食べても美味。

44 洋なしとカシスの テリーヌショコラ

洋なしの甘みとカシスの酸味が加わることで
ケーキのような豊かな味に仕上がります。
洋なしは少し厚めに切って食感を楽しみましょう。
43 テリーヌショコラとともに、
保存はラップで包み、冷蔵室で2〜3日が目安です。

43 テリーヌショコラ

POINT
◎ 仕上げにココアパウダーをふるとより濃厚なチョコレートの味が楽しめます。
◎ 切るときはナイフに湯をかけ、温めてから切るときれいな仕上がりに。

材料と下準備 直径15cm丸型(底取)1台分

生クリーム(乳脂肪分45%)… 200g
製菓用チョコレート(ビター)… 150g
　▶ 粗く刻み、ボウルに入れる
バター(食塩不使用)… 30g
　▶ 2cm角に切り、冷蔵室に入れておく
A [ブランデー … 小さじ1 ←　ラム酒やキルシュなど、好みのお酒で構いません。
ココアパウダー … 適量

＊型にオーブン用シートを敷き [→P5]、ラップで底を覆う。

---

44 洋なしとカシスの
　　テリーヌショコラ

POINT
◎ 5で洋なし→生地→カシス→生地の順に重ねていきます。

材料と下準備 直径15cm丸型(底取)1台分

生クリーム(乳脂肪分45%)… 200g
製菓用チョコレート(ビター)… 150g
　▶ 粗く刻み、ボウルに入れる
バター(食塩不使用)… 30g
　▶ 2cm角に切り、冷蔵室に入れておく
A [赤ワイン … 小さじ1
洋なし(缶詰・半割り)… 130g
　▶ ペーパータオルにのせて汁けをきり、縦に幅1.5cmに切る
冷凍カシス … 15g
　▶ ペーパータオルで表面の霜を軽く拭き取り、
　使用する直前まで冷凍室に入れておく

＊型にオーブン用シートを敷き [→P5]、ラップで底を覆う。

[洋なし(缶詰)]
シロップ漬けの洋なし。しゃりっとした食感とみずみずしさがあり、ケーキやタルト、ムースなどの製菓によく用いられます。

[冷凍カシス]
製菓で人気のくだもののひとつ。ベリーの一種でブラックカラントとも呼ばれます。さわやかな酸味と香りがあり、ビタミンCやポリフェノールなどが豊富です。

共通の作り方

1 小鍋に生クリームを入れて弱火で熱し、煮立つ直前になったら火を止める。ひと呼吸おいてからチョコレートのボウルに静かに注ぎⓐ、3〜5分おく。

2 泡立て器で中心から円を描くように静かに混ぜ、チョコレートを完全に溶かすⓑ。

3 バターを加えⓒ、30秒〜1分おき、同様に混ぜて溶かす。

4 Aを加えて大きく4〜5回混ぜる。表面につやが出たらOK。

5 型の側面のオーブン用シートに**4**を少量つけて留める。**4を流し入れ**ⓓ、

> **44 洋なしとカシスのテリーヌショコラ**
> 洋なしを重ならないように並べ、**4**の1/2量を流し入れ、カシスをのせて残りの**4**を流し入れる。

型を軽く揺らして表面をならし、冷蔵室で3時間以上冷やし固める。

6 ラップをはずし、瓶などにのせて型の側面をはずしてⓔ、側面のオーブン用シートをはがす。底板とオーブン用シートの間にパレットナイフなどを差し込み、底板をはずす。

> **43 テリーヌショコラ**
> さらにココアパウダーを茶こしに入れてふる。

◀切ってからココアパウダーをふってもOK。

生クリームの温度が高すぎたり、冷たすぎたりすると、チョコレートと合わせたときに、分離してしまうことがあります。熱いので、注ぐときははねないように注意。

固形物が残らないようにしてください。

バターは小さく切っておくことで、溶けやすくなります。

このお菓子は加熱しないので、底はラップで覆っておけばOK。

しっかり固まってから側面をはずしましょう。

45 オイル生地のケークオショコラ

バターの代わりにオイルを使うことで、失敗しづらくなります。食感は軽やかに仕上がり、
バターの濃厚な風味こそありませんが、こちらのほうが好きという人も少なくないでしょう。
オイル生地はフィリングが沈みやすいので、チョコレートは細かく刻んでいます。

POINT

◎ 卵と牛乳は常温にもどす必要はなく、
  冷たいままで構いません。
◎ 保存は冷ましてからラップで包み、冷蔵
  室で2〜3日が目安です。

材料と下準備　直径15cm丸型（底取）1台分

全卵 … 2個分（100g）
グラニュー糖 … 80g
サラダ油 … 50g
> 同量の太白ごま油で作ると、さらに
> 上品な仕上がりになります。

製菓用チョコレート（ビター）
　… 60g＋30g
> ▶ 60gは粗く刻んで小さめのボウルに入れ、
> 湯せんにかけて溶かす。30gは5mm角に切る

A ┌ 薄力粉 … 100g
　└ ベーキングパウダー … 小さじ1/2
牛乳 … 50g

＊型にオーブン用シートを敷き、アルミホイルで底を
覆う。 [→P5]
＊オーブンはほどよいタイミングで180℃に予熱する。

作り方

1 ボウルに卵とグラニュー糖を入れ、ハ
ンドミキサーでスイッチを入れずに軽く
混ぜてから高速で1分ほど混ぜる。

2 サラダ油を4〜5回に分けて加え @、
そのつどハンドミキサーの高速で10
秒ほど混ぜる。全体になじんだら低速
にして1分ほど混ぜ、きめを整える。

3 湯せんで溶かしたチョコレート60gを
加え、さらに低速で10秒ほど混ぜる。

4 Aを万能こし器に入れてふるい入れ、
片手でボウルを回しながら、ゴムべら
で底から大きくすくい返すようにして全
体を20回ほど混ぜる。粉けが少し残
るくらいでOK。

5 牛乳を5〜6回に分けてゴムべらに伝
わせながら加え、そのつど同様に5回
ほど混ぜる。最後は粉けがなくなり、
表面につやが出るまでさらに5回ほど
混ぜる。

6 5mm角に切ったチョコレート30gを加
え、大きく5回ほど混ぜる。

7 型の側面のオーブン用シートに**6**を少
量つけて留める。**6**を流し入れ、底を
台に2〜3回打ちつけて余分な空気
を抜き、表面をならす。予熱したオーブ
ンで30分ほど焼く。

8 竹串を刺してもなにもついてこなけれ
ばできあがり。すぐにアルミホイルをは
ずし、瓶などにのせて型の側面をはず
して、側面のオーブン用シートをはがす。
網にのせて冷まし、手で底板をはずす。

溶かしバターの代わり
にサラダ油を入れるイ
メージです。バターのよ
うに、硬さを気にする
必要はありません。

CAKE À L'HUILE

ラッピングの提案

バレンタインデーなどで、
作ったお菓子を誰かにプレゼントするときは、
きれいにラッピングしたいものです。
簡単なのに「映える」アイデアをご紹介します。

＊チーズケーキ各種、テリーヌショコラは必ず保冷剤を添えてください。

直径12㎝丸型で焼く

◎全レシピ

本書のレシピは直径15㎝丸型1台分ですが、半分の
量で直径12㎝丸型にぴったりの量になります。そこで
直径12㎝丸型で焼いたケーキを、ホールごとボックス
に入れてプレゼントしてはいかがでしょう。形崩れを防
ぐために大きすぎないボックスを用意してワックスペー
パーを敷き、油がしみないようにするのがポイントです。

作り方

直径13〜14㎝の円筒形のボックスにワックスペーパ
ーを敷き、よく冷ましたケーキを入れる。ふたをしてリボ
ンを十字にかけて結ぶ。